# Franz von Holtzendorff

# Die Auslieferung der Verbrecher und das Asylrecht

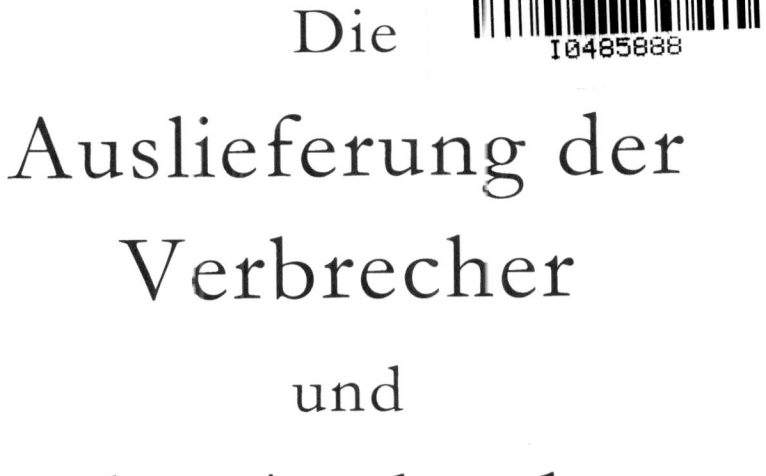

I0485888

Nach dem Original von 1881
herausgegeben von Hansjörg Walther.

Libera Media

2015

**V. i. S. d. P.:**
Dr. Hansjörg Walther
Schwarzburgstraße 7
60318 Frankfurt am Main
Deutschland


ISBN-13: 978-1518726231

ISBN-10: 1518726232

# Inhalt

**EINLEITUNG**

## DIE AUSLIEFERUNG DER VERBRECHER UND DAS ASYLRECHT.

# Einleitung

## Der Autor

Franz von Holtzendorff wurde am 14. Oktober 1829 in Vietmannsdorf in der Uckermarck geboren. Ihm war der politische und gesellschaftliche Einsatz gewissermaßen in die Wiege gelegt, denn sein Vater, ebenfalls mit Namen Franz von Holtzendorff (1804-1871), war ein liberaler Politiker, der bereits im Vormärz für Reformen eintrat, wie etwa eine Volksvertretung für den Deutschen Bund. Das brachte ihm die Ablehnung seiner adeligen Standesgenossen ein und Verfolgung durch die Regierung. Erst 1848 wurde er amnestiert und rehabilitiert. Während der Revolutionszeit gehörte der Vater dann dem von Wilhelm Lette (1799-1868) geleiteten *„Constitutionellen Club"* an. Später verfolgte er wohltätige Zwecke, etwa im Fröbel-, Unions- und Gustav-Adolph-Verein.

Der Sohn Franz von Holtzendorff wuchs auf dem Gut der Familie auf und ging dann auf die Schule des Grauen Klosters in Berlin und die Fürstenschule Schulpforta, wobei seine Begabung für Sprachen schon frühzeitig auffiel. Im Jahr 1848 nahm er das Studium der Rechtswissenschaften an der Universität Berlin auf. Nach Aufenthalten in Heidelberg und Bonn promovierte er schließlich 1852 in Berlin über eine zivilrechtliche Fragestellung. Anschließend nahm er den gerichtlichen Vorbereitungsdienst auf.

Bereits in seiner Studienzeit bereiste Franz von Holtzendorff England und Italien, was er zu rechtlichen und volkswirtschaftlichen Studien nutzte. Im Jahre 1857 habilitierte er sich dann an der Universität Berlin mit der Arbeit *„De causis poenae mitigandae"* (Über die Gründe, aus denen Strafen gemildert werden sollten). Mittlerweile hatte sich sein Schwerpunkt auf das Gebiet des Strafrechts verlagert und hier besonders auf das Gebiet des Strafvollzugswesen.

Zu diesem Themenkreis veröffentlichte Franz von Holtzendorff im Jahre 1859 zwei Monographien mit dem Titeln: *„Die Deportation als Strafmittel in alter und neuer Zeit und die Verbrechercolonien der Engländer und Franzosen in ihrer geschichtlichen Entwicklung und criminalpolitischen Bedeutung dargestellt"* sowie *„Französische Rechtszustände, insbesondere die Resultate der Strafrechtspflege in Frankreich und die Zwangscolonisation von Cayenne"*. Im selben Jahre befaßte er sich in einer kontrovers diskutierten Schrift auch mit dem Strafvollzug in Irland: *„Das irische Gefängnißsystem, insbesondere die Zwischenanstalten vor der Entlassung der Sträflinge"*. 1864 kam er auf das Thema mit dem Aufsatz zurück: *„Études sur le sy-*

*stème pénitentiaire irlandais"* (Studien über das irische System des Strafvollzugs) und 1865 noch einmal mit der Schrift: *„Kritische Untersuchungen über die Grundsätze und Ergebnisse des irischen Strafvollzugs".*

In eine ähnliche Richtung ging auch sein Buch von 1861: *„Die Kürzungsfähigkeit der Freiheitsstrafen und die bedingte Freilassung der Sträflinge in ihrem Verhältniß zum Strafmaß und zu den Strafzwecken".* Hierin empfahl er, daß Strafen nachträglich bei guter Führung verkürzt werden könnten, ein Vorschlag, der in Sachsen aufgenommen wurde, aber ansonsten umstritten blieb. Daneben beschäftigte sich Franz von Holtzendorff auch mit anderen Themen, So veröffentlichter er etwa 1866 einen Vortrag zu Ehren von Richard Cobden (1804-1865), den er nach dessen Tode gehalten hatte[1]. Franz von Holtzendorff hatte den großen Freihändler während seines Aufenthalts in England in den 1850er Jahren persönlich kennengelernt.

Im Jahre 1860 war Franz von Holtzendorff außerordenlicher Professor geworden. Im selben Jahr regte er die Gründung des Deutschen Juristentags an, eine Idee, die schon bald in anderen Ländern Nachahmung fand. Ab 1861 gab er außerdem die von ihm begründete *„Allgemeine Deutsche Strafrechtszeitung"* heraus.

---

[1] *Eine Neuausgabe bei Libera Media.*

## Hansjörg Walther

In den Jahren 1861 und 1862 kam es dann zu einer publizistischen Auseinandersetzung zwischen Franz von Holtzendorff und der Brüderschaft des Rauhen Hauses, eines von Johann Hinrich Wichern (1808–1881) gegründeten protestantischen Ordens, der sich halbstaatlich in den Gefängnissen betätigte. Es erschienen die Streitschriften *„Die Brüderschaft des Rauhen Hauses, ein protestantischer Orden im Staatsdienst"* 1861 und *„Der Brüder-Orden des Rauhen Hauses und sein Wirken in den Strafanstalten"* 1862, in denen Franz von Holtzendorff die Verquickung von religiösen und staatlichen Funktionen rügte.

Im Jahre 1864 argumentierte Franz von Holtzendorff dann in seiner Schrift *„Die Reform der Staatsanwaltschaft in Deutschland"* gegen eine abhängige Staatsanwaltschaft, nicht zuletzt vor dem Hintergrund der Schikanen, die gegen die Opposition im Preußischen Verfassungskonflikt gerichtet wurden. Im Jahre 1865 nahm er diese Frage erneut mit dem Buch auf: *„Die Umgestaltung der Staatsanwaltschaft vom Standpunkt unabhängiger Strafjustiz und der Entwurf einer St.P.O. für den preußischen Staat"*.

Immer wieder hielt Franz von Holtzendorff neben seinen wissenschaftliche Arbeiten öffentliche Vorträge zu rechtlichen Fragen, die Themen wie die Todesstrafe, Kriminalpsychologie, Strafvollzug, die Geschichte des Völkerrechts oder die Rechte von

# Einleitung

Frauen[1] behandelten und oftmals wie die vorliegende Schrift in der Reihe „*Sammlung gemeinverständlicher wissenschaftlicher Vorträge*" erschienen, die er zusammen mit Rudolf Virchow herausgab.

Franz von Holtzendorff wartete lange auf eine Berufung als ordentlicher Professor an der Universität Berlin. Zwar erhielt er schließlich 1873 einen Ruf, doch der kam kurz, nachdem er sich entschieden hatte, ein Angebot der Universität München anzunehmen, wo er dann bis zu seinem Tode lehrte. In der Öffentlichkeit wurde Franz von Holtzendorff in jener Zeit allgemein bekannt, als er die Verteidigung des Grafen Harry von Arnim-Suckow mit übernahm.[2] In

---

[1] *So etwa: „Die Verbesserungen der gesellschaftlichen und wirthschaftlichen Stellung der Frauen" von 1867, Neuausgabe bei Libera Media.*

[2] *Graf Arnim war ab 1871 deutscher Botschafter in Frankreich. Im Jahre 1873 kam es zu Auseinandersetzungen mit Reichskanzler Bismarck, wobei man vermutete, daß Graf Arnim sich Hoffnungen auf dessen Amt machte. 1874 wurde der Botschafter auf Betreiben von Bismarck nach Konstantinopel versetzt. Er wehrte sich dagegen in der Presse, wobei herauskam, daß er Akten, die mit Bismarck zu tun hatten, mitgenommen hatte.*

*Daraufhin wurde Graf Arnim verhaftet, in Berlin angeklagt und in erster Instanz zu drei Monaten, in der Berufung zu neun Monaten verurteilt. Er floh vor Antritt der Strafe nach Nizza, von wo er sich wieder über die Presse in eigener Sache äußerte. In Abwesenheit wurde er zu fünf Jahren Haft, unter anderem wegen Landesverrats und Majestätsbeleidigung, verurteilt. Graf Arnim starb 1881 in Nizza.*

dieselbe Zeit fällt auch seine Tätigkeit für das *„Institut du droit international"* in Gent, dessen erste Sitzung auf deutschem Boden er als Präsident leitete. In diesem Rahmen untersuchte er auch Themen wie im hier mit wiederveröffentlichten Buch *„Die Auslieferung der Verbrecher und das Asylrecht"* oder *„Die Idee des ewigen Völkerfriedens"*.[1]

Nach der Reichsgründung wurde das Rechtssystem in Deutschland schrittweise umgestaltet. Franz von Holtzendorff begleitete das als Herausgeber verschiedener Übersichtswerke, wie etwa der *„Encyclopädie der Rechtswissenschaft"* (erste Auflage 1870/71 und dann zahlreiche weitere Auflagen), dem *„Handbuch des deutschen Strafrechts in Einzelbeiträgen"* in drei Bänden (erste Auflage 1871–1874), dem *„Handbuch des deutschen Strafproceßrechts in Einzelbeiträgen"* in zwei Bänden (erste Auflage 1877–1879), dem *„Handbuch des Völkerrechts"* in vier Bänden (erste

---

*Bismarck legte dem Reichstag ein auf den Fall zugeschnittenes Gesetz über „Vertrauensbruch im auswärtigen Amt" vor (§ 353a), den sogenannten „Arnim-Paragraphen", der bis heute Bestand hat. Die Vehemenz, mit der gegen den Grafen Arnim vorgegangen wurde, legte die Vermutung nahe, daß es sich auch um eine Racheaktion des Kanzlers handelte, der einen Konkurrenten damit ausschalten wollte. Franz von Holtzendorff übernahm das Mandat nicht unbedingt aus Sympathie für den Angeklagten, sondern weil er Vorbehalte gegen die Rechtsstaatlichkeit des Vorgehens hatte.*

[1] *Erschienen 1882, Neuausgabe bei Libera Media.*

Auflage 1885–89) und dem „*Handbuch des Gefängnißwesens in Einzelbeiträgen*" in zwei Bänden aus dem Jahre 1886. Außerdem gab er das „*Jahrbuch für Gesetzgebung, Verwaltung und Rechtspflege des Deutschen Reichs*" mit heraus (von 1871 bis 1876), die „*Materialien der deutschen Reichsverfassung*" in drei Bänden (1873) und das „*Repertorium des deutschen Reichstags*" (1872).

Franz von Holtzendorff war außerdem an der Begründung einer Reihe von Abhandlungen unter dem Titel „*Deutsche Zeit- und Streitfragen*" beteiligt, die sich ähnlich wie die „*Sammlung gemeinverständlicher wissenschaftlicher Vorträge*" an ein breites Publikum wandten. Ein Thema zu dem Franz von Holtzendorff immer wieder zurückkehrte, war dabei die Todesstrafe, für deren Abschaffung er sich einsetzte. In diesem Zusammenhang erschienen „*Die Psychologie des Mordes*" und die umfassende Abhandlung: „*Das Verbrechen des Mordes und die Todesstrafe*"[1].

An ausführlicheren Werken veröffentlichte Franz von Holtzendorff zudem 1879 das Buch „*Die Principien der Politik*" und 1884 „*Zeitglossen des gesunden Menschenverstandes*". Hinzu kamen Reiseberichte wie „*Ein englischer Landsquire*" von 1877 oder die „*Schottischen Reiseskizzen*" von 1882.

---

[1] *Neuausgabe des Originals jeweils von 1875 bei Libera Media.*

Hansjörg Walther

Neben diesen literarischen und wissenschaftlichen Aktivitäten widmete sich Franz von Holtzendorff auch wohltätigen Zwecken. Er war an der Gründung und Leitung der Berliner Volksküchen beteiligt, wirkte an der Führung des Lette-Vereins zur Förderung der Erwerbsthätigkeit und höheren Bildung des weiblicen Geschlechts mit, half, das Victoria-Lyceums zu gründen, unterstützte den Berliner Handwerkerverein und den Vereins für Verbreitung von Volksbildung. Auf religiösem Gebiet war er an der Gründung des Protestantenvereins beteiligt sowie an der Herausgabe der *„Protestantenbibel Neuen Testaments"* mit Verbesserungen des Luthertextes (mehrere Auflagen ab 1872). Auch in seiner Münchener Zeit ab 1873 widmete sich Franz von Holtzendorff verschiedenen wohltätiger Zwecken. So unterstützte er den Münchener Volksbildungsvereins, kümmerte sich um die Reform der höheren Bildungsanstalten und regte die Bildung einer Juristenvereinigung an.

Durch seine Aufenthalte im Ausland, zahlreiche Kontakte mit befreundeten Wissenschaftlern und seine Werke, die in viele Sprachen übersetzt wurde, erwarb sich Franz von Holtzendorff internationale Anerkennung. Er schrieb etwa für den *„Economist"*, nahm an internationalen Kongressen teil und vertrat die Universität München 1888 bei der 700-Jahrfeier der Universität Bologna. Kurz vor seinem Tod konnte er noch erleben, daß in Italien die Todesstrafe abgeschafft wurde, eines seiner großen, aber für Deutschland unerreichten Ziele.

Franz von Holtzendorff starb noch nicht sechzigjährig am 4. Februar 1889 in München an einem Herzleiden.

# Der Hintergrund

Daß sich Franz von Holtzendorff gerade im Jahre 1881 mit dem Thema des Asylrechtes und der Auslieferung von Verbrechern öffentlich befaßte, war wohl kein Zufall.

Im Jahre 1878 war auf Druck von Kanzler Bismarck das sogenannte „Sozialistengesetz"[1] erlassen worden, durch das die Arbeit der Sozialdemokraten in Deutschland weitgehend unterdrückt wurde. Zwar konnten die sozialistischen Kandidaten weiterhin bei den Reichstagswahlen antreten, aber die Parteipresse war verboten, Veranstaltungen wurden durchgängig aufgelöst und im Rahmen des „kleinen Belagerungszustandes" konnten die Agitatoren der Partei aus gewissen Städten ausgewiesen werden, was etwa im Fall

---

[1] *Offizielle Bezeichnung: „Gesetz gegen die gemeingefährlichen Bestrebungen der Sozialdemokratie".*

von Berlin, Leipzig oder Frankfurt auch tatsächlich durchgeführt wurde.

Derart in ihrer Arbeit behindert, zogen sich führende Sozialdemokraten ins Exil zurück, wobei ihre Wahl zumeist auf die Schweiz und dort den Kanton und die Stadt Zürich fiel. Dort wurde das Parteiorgan „Der Sozialdemokrat" herausgegeben und gedruckt, der dann nach Deutschland geschmuggelt wurde. Die Schweiz hatte eine lange Tradition des Asylrechtes und beschützte die Sozialdemokraten vor dem Zugriff der deutschen Polizei. Bismarck war das ein Dorn im Auge.

Am 13. März 1881 wurde in Sankt Petersburg der russische Zar Alexander II. von Anhängern der „Narodnaja Wolja" (Volkswille) bei einem Sprengstoffattentat schwer verletzt und erlag seinen Verletzungen. Bismarcks Außenpolitik hatte sich lange auf ein Bündnis aus Deutschland, Österreich-Ungarn und Rußland als Gegengewicht zu Frankreich gestützt. Allerdings war es nach dem Russisch-Türkischen Krieg von 1877 bis 1878 zu Verstimmungen gekommen. Rußland war siegreich gewesen und hatte seine Einflußsphäre im Frieden von San Stefano (3. März 1878) weit auf den Balkan ausgedehnt, was zu Spannungen mit Österreich-Ungarn führte. Auch Großbritannien stand der Entwicklung ablehnend gegenüber. Von daher wurde 1878 eine internationale Konferenz, der „Berliner Kongreß", einberufen, um die Nachkriegsordnung festzulegen. Deutschland hatte zu jener Zeit keinerlei Interessen auf dem Balkan und war während des Konfliktes neutral geblieben. Und so übernahm Bismarck den Vorsitz des Kongresses, um sich in seinen Worten als „ehrlicher Makler" zwischen den Mächten zu betätigen. Allerdings überwogen mit Österreich-Ungarn und Großbritannnien die Mächte, die den russischen Einfluß auf dem Balkan eindämmen wollten. Das Endergebnis war eine weitgehende Revision der russischen Gewinne. Österreich-Ungarn sicherte sich Bosnien und Großbritannien Zypern. Serbien, Montenegro, Bulgarien sowie Rumänien wurden zu weitgehend selbständigen Staaten. Von russischer Seite war man über diesen Ausgang des „Berliner Kongresses" verärgert, womit sich eine weitere Divergenz im vormaligen Bündnis zwischen Deutschland, Österreich-Ungarn und Rußland auftat.

Nach dem Attentat auf Alexander II. bestieg dessen Sohn Alexander III. den russischen Thron. Er revidierte die Reformbemühungen seines Vaters und schlug einen konservativen Kurs ein. Insbesondere drängte er bei den anderen europäischen Mächten auf eine koordinierte Bekämpfung des Terrorismus. Auch dem Zaren erschien die Schweiz ein Hort für oppositionelle Kräfte zu sein. Für Bismarck war dies die Gelegenheit, die Beziehungen zu Rußland zu verbessern. Durch die vom Kanzler gesteuerte Presse wurden Pressionen auf die Schweiz ausgeübt. Dabei wurde

Hansjörg Walther

auch angedeutet, Deutschland könne die Schweiz annektieren.

Allerdings ließen sich die Schweizer nicht einschüchtern und lieferten weder an Deutschland noch
Rußland aus. Diese Stimmung gibt etwa ein Bericht
der Wiener „Neuen Freien Presse" vom 6. April 1881
wieder:

> *Zürich, 3. April. [Orig.-Corr.] (Volksversamm
> lung in der Asylrechts-Frage.) Gestern Abends tagte
> hier eine sehr stark besuchte Volksversammlung in
> der Asylrechts-Frage. Der erste Redner, Redacteur
> Conzett aus Chur, protestirte im Namen der Traditi
> on und der Freiheit, sowie im Interesse der Schweiz
> gegen jede Schmälerung des Asylrechtes. Die Eid
> genossenschaft übe das Asylrecht schon jahrhunder
> telang in gleich neutraler Weise allen politischen
> Flüchtlingen gegenüber, mögen diese Thronpräten
> denten[1] oder Republikaner, mögen es Atheisten, Sec
> tirer oder Ultramontane[2] sein. Die Beschränkung
> des Asylrechtes müßte die Beeinträchtigung der ver
> fassungsmäßig garantirten Vereins- und Versamm
> lungs-, der Preß- und Redefreiheit nach sich ziehen.
> Das Ausland könne ja kein Privilegium gegenüber
> dem Inlande haben. Es müsse mindestens ebenso ge-*

---

[1] Anwärter auf einen Thron.

[2] Politische Richtung der Katholiken, die die weltliche Macht
des Papstes (ultramontan, d. h. hinter den Bergen) unterstützt.

stattet sein, die politischen und socialen Verhältnisse des Auslandes zu kritisiren, wie es gegenüber den inländischen Verhältnissen gestattet ist. Ob diese Kritik des Auslandes von einem Schweizer oder einem Ausländer geübt wird, ändere an der Sache nichts. Wenn wir nun, unserer Tradition untreu werdend, den fremden Regierungen nachgeben und den Ausländern das Vereins- und Versammlungsrecht und die Preß- und Redefreiheit nehmen, so werden die fremden Regierungen von uns bald auch verlangen, daß wir auch unseren Bürgern das Maß der Freiheit beschneiden. Es sei absurd, die Freiheit der Schweizer für den russischen Terrorismus verantwortlich zu machen. Nicht in der Schweiz, sondern in Petersburg auf offener Straße wurde auf den Kaiser von Rußland geschossen; nicht in der Schweiz, sondern in Rußland selbst habe man Sprengminen angelegt. Die in Rußland wohnenden Russen wären also einzig und allein für den Terrorismus verantwortlich, nicht die Schweizer und auch nicht jene Russen, die in der Schweiz wohnen. Das Annexionsgeschrei russischer und einiger westeuropäischer Journalisten und Politiker fürchten wir nicht, so lange wir noch Mark in den Knochen haben und durch das Festhalten an der erwähnten Neutralität der Freiheit uns die Sympathien der billig denkenden und freiheitsliebenden Bürger aller Länder bewahren. Verlieren wir aber durch feige Uebernahme von politischen Henkersdiensten diese Sympathie, dann sind wir verloren. Das Interesse der Eidgenos-

*senschaft verlangt also ebenfalls Wahrung des heiligen Asylrechtes. Der zweite Redner, Staatsarchivar Dr. Strickler, motivirte die Nothwendigkeit, die Asylfrage legislatorisch zu reguliren. Der dritte Redner, Landwehrhauptmann Bürgi, sagte, nicht die Asylfrage, sondern die militärischen Verhältnisse seien es, welche die Aufmerksamkeit Deutschlands auf die Schweiz richten. Deutschland habe ein Interesse an der Annexion der Schweiz, als eines Schutzwalles gegen Frankreich. Um die Neutralität der Schweiz zu wahren, gebe es nur Ein Mittel — als vierzigster Staat in die nordamerikanische Union einzutreten.*

Allerdings zeigten die Drohungen doch gewisse Wirkungen. Der Hintergrund zu der obigen Versammlung war eine von 30.000 Zürichern unterzeichnete Petition gegen einen für das Jahr 1881 geplanten Internationalen Sozialistenkongreß, wie die Neue Freie Presse am 12. April 1881 berichtete, *"damit nicht Zürich zum Sammelplatze jener Ausländer werde, welche Attentate verherrlichen oder neue Attentate vorbereiten."*

Die Stadt Zürich verbot dann auch tatsächlich im Juli 1881 die Abhaltung des Kongresses, wogegen beim Kantonsrat Einspruch eingelegt wird. Dieser schloß sich allerdings der spitzfindigen Erklärung einer Kommission an, daß die verfassungsmäßigen Rechte der freien Rede und Versammlung nur für Schweizer gälten, was nicht ohne Widerspruch einer erheblichen Minderheit blieb. Für die Sozialisten ging die Angelegenheit dennoch glimpflich aus. Sie mußten ihren Kongreß nur von Zürich nach Chur im Kanton Graubünden verlegen. Bismarck ließ allerdings in den nächsten Jahren nicht locker. 1888 hatte er es geschafft: die Sozialisten mußten die Schweiz verlassen, wurden aber nicht ausgeliefert, sondern gingen nun zumeist ins Exil nach Großbritannien, das außerhalb der Reichweite von Bismarck lag. Mit dem Auslaufen des Sozialistengesetzes 1890 konnten sie wieder nach Deutschland zurückkehren.

Die aktuelle Lage spielte sicherlich eine Rolle, warum sich Franz von Holtzendorff gerade 1881 mit der Frage der Auslieferung und des Asylrechts befaßte. Das ist auch an verschiedenen Stellen im Text zu erkennen. Allerdings bettet er dies in eine grundsätzliche Auseinandersetzung über die Entwicklung und den Gehalt von Auslieferungsverträgen und über das Asylrecht ein. Ihm erscheint dabei die belgische Gesetzgebung als vorbildlich, die, für die Zeit sehr fortschrittlich, Auslieferungsverfahren nach gesetzlichen Kriterien und in einem gerichtlichen Verfahren überprüft, während in anderen Ländern noch administrative oder diplomatische Rücksichten darüber entscheiden, in welchen Fällen Asyl gewährt oder an andere Staaten ausgeliefert wird.

Hansjörg Walther

# Das Buch

Der Aufsatz „*Die Auslieferung der Verbrecher und das Asylrecht*" erschien in der „*Sammlung gemeinverständlicher wissenschaftlicher Vorträge*", die Franz von Holtzendorff und Rudolf Virchow herausgaben. Aus welchem Anlaß und wo der Text als Vortrag gehalten wurde, ist nicht vermerkt. Vielleicht handelt es sich auch um einen Vortrag mehr in einem übertragenen Sinne, der ein Thema in knapper Form behandelt. Es ist aber in jedem Fall zu vermuten, daß Franz von Holtzendorff seine Gedanken bei tatsächlichen Referaten entwickelte, wie er das sonst auch häufig tat, etwa für sein Buch „*Das Verbrechen des Mordes und die Todesstrafe*" von 1875, das aus öffentlichen Vorlesungen in Berlin und München hervorging.

# Zur Edition

Die vorliegende Wiederveröffentlichung der Schrift von Franz von Holtzendorff folgt dem Original von 1881. Sperrungen zur Hervorhebung wurden nachgeahmt.

# Einleitung

Die Anmerkungen des Originals waren Endnoten, wurden aber hier in Fußnoten umgewandelt, um dem Leser das Blättern zu ersparen. Sie sind nicht-kursiv gesetzt und an ihrem Anfang steht in eckigen Klammern jeweils die ursprüngliche Numerierung vermerkt.

Kursiv gesetzte Fußnoten stammen vom Herausgeber und enthalten Erläuterungen, Verweise und Hintergrundmaterial. Bei der Kommentierung wurden im Zweifelsfall zu viele als zu wenige Worte und Sachverhalte erläutert, da für heutige Leser vieles nicht mehr unmittelbar verständlich ist und keine hohen Anforderungen an das Hintergrundwissen gestellt werden sollten.

In eckigen Klammern und mit kleinen Lettern ist die ursprüngliche Paginierung vermerkt, wobei im Fall von Trennungen zusätzliche Bindestriche nach der Seitenzahl eingefügt wurden. Am Kapitelanfang wurde die Paginierung aus ästhetischen Gründen nach er Überschrift eingefügt.

Da das Buch auch als Teil der von Franz von Holtzendorff und Rudolf Virchow herausgegebenen *„Sammlung gemeinverständlicher wissenschaftlicher Vorträge"* veröffentlicht wurde, gibt es eine weitere Paginierung, die sich auf diese Sammelausgabe bezieht. Sie beginnt mit der Seitenzahl 179, während die Paginierung des Separatdrucks ab der Seitenzahl 3 läuft.

# Die Auslieferung der Verbrecher
# und
# das Asylrecht.

## I.

[3/179] Nicht seiten geschieht es, daß wir uns über
die zeitlichen Entfernungen, welche die Entstehungs-
zeit gewisser Rechtseinrichtungen von der Gegenwart
scheiden, ebenso täuschen, wie über die Abschätzung
der räumlichen Abstände, die zwischen der Spitze eines hohen Berges und einem Punkte im Tieflande liegen. Je nach der Beschaffenheit und Feuchtigkeit der
Atmosphäre scheinen uns Gebirge an gewissen Tagen
näher, an anderen Tagen ferner zu liegen.

Ebenso verhält es sich mit wichtigen Thatsachen
der menschlichen Kulturgeschichte. Zuweilen scheinen sie nach ihrer Entstehung der neueren Zeit, zuweilen dem Alterthume anzugehören. Oft genug strei-

ten Sachverständige darüber, was als antik, was als modern oder als mittelalterlich seinem Ursprunge nach in Anspruch zu nehmen ist.

Gewisse Staatseinrichtungen der Gegenwart scheinen uns auf den ersten Blick so natürlich, daß wir uns kaum vorstellen, es könnte jemals anders gewesen sein, bis wir zu unserer Ueberraschung erfahren, daß es die neuere Zeit war, der sie ihre Entstehung verdanken. Andere Einrichtungen, die uns modern scheinen, werden von gelehrten Forschern in eine entlegene Vergangenheit zurückverlegt, wenn es darauf ankommt, deren erste Spuren nachzuweisen.

Die Auslieferung flüchtiger Verbrecher ist bald als eine uralte, bald als eine moderne Gestaltung des Rechtslebens angesehen worden. Für beide Auffassungen lassen sich Rechtfertigungsgründe beibringen.

[4/180] Schon im griechischen und römischen Alterthum finden sich Beispiele dafür, daß die Auslieferung flüchtiger Uebelthäter oder gefährlicher Feinde gelegentlich von einzelnen Staaten verlangt und von andern Staaten zugestanden wurde. Aber solche Beispiele erscheinen doch immer nur als Merkwürdigkeiten und Gelegenheitszufälle. Sie beweisen ebensowenig, wie die Behauptung, daß ägyptische Priester Tempelthüren durch unsichtbare Dampfkraft öffneten[1],

---

[1] *Heron von Alexandria war ein griechischer Mathematiker und Ingenieur im 1. Jahrhundert nach Christus. Er erfand den nach*

# Die Auslieferung der Verbrecher und das Asylrecht

gegen die modernen Ansprüche auf Erfindung der Dampfmaschine verwerthet werden kann[1].

Das Auslieferungswesen als stehende Einrichtung der Strafrechtspflege und als regelmäßiger Akt internationaler R e c h t s h ü l f e ist durchaus modern; denn es ist nicht viel älter, als ein Jahrhundert.

Daß auswärtige Staaten irgendwie ein Recht haben sollten, flüchtig gewordene Verbrechen zum Zwecke der Bestrafung von uns zurückzuverlangen, leuchtete den Juristen noch vor dreihundert Jahren keineswegs ein.

Eine Reihe von kulturgeschichtlichen Thatsachen mußte sich vollendet haben, ehe es allgemein begreiflich wurde, daß uns der im Auslande begangene Rechtsbruch irgendwie in Mitleidenschaft ziehe, und daß wir uns bei der Auslieferung von Verbrechern von anderen Rücksichten bestimmen lassen müssen, als

---

*ihm benannten Heronsball, der mit Dampfkraft betrieben wurde. Eine weitere Erfindung von ihm bestand darin, daß durch ein Altarfeuer erhitzte Luft Wasser aus einem verschlossenen Gefäß verdrängte. Das Gewicht des Wassers zog dann ein Seil, mit dem die Türen eines Tempels geöffnet wurden. Die Erfindung wird häufig (so auch hier) mit dem Heronsball verwechselt, war allerdings keine Dampfmaschine.*

[1] *Die ersten experimentellen Dampfmaschinen wurden von Blasco de Garay 1543, Denis Papin 1690 und Thomas Savery 1698 gebaut, die erste funktionsfähige Apparatur 1712 von Thomas Newcomen.*

von denjenigen der bloßen Gefälligkeit gegen eine ausländische Regierung.

Solche das heutige Auslieferungsrecht vorbereitende Thatsachen waren:

Die allmählige Ausgleichung des alten Gegensatzes zwischen der ehemaligen Rechtslosigkeit fremder Staaten oder fremder Staatsgenossen und der Alleinberechtigung der Einheimischen seit dem Schlusse des Mittelalters;

[5/181] die seit dem XVII. Jahrhundert stetig anwachsende Auswanderung aus einem Staatsgebiet in das andere[1];

die Erleichterung des Personenverkehrs in Folge des Eisenbahnbaus[2] und der

---

[1] *Ein Grund hierfür war etwa religiöse Verfolgung. Am 18. Oktober 1685 widerrief König Ludwig XIV. von Frankreich mit dem Edikt von Fontainebleau das Edikt von Nantes aus dem Jahre 1598, das den Calvinisten Religionsfreiheit und die Bürgerrechte zugesichert hatte. Daraufhin mußten die Calvinisten (Hugenotten) fliehen und wurden vor allem in England, den Niederlanden, der Schweiz und verschiedenen deutschen Staaten aufgenommen.*

[2] *Die erste öffentliche Eisenbahn wurde 1825 in England (Stockton and Darlington Railway) eröffnet, die erste Verbindung in Deutschland war die 1835 zwischen Nürnberg und Fürth.*

## Die Auslieferung der Verbrecher und das Asylrecht

Dampfschifffahrt[1], von der nicht nur der Handel, sondern auch das Verbrecherthum Nutzen zog;

die Vertiefung der Rechtswissenschaft, die sich seit Jahrhunderten immer mehr vom Buchstabendienst abwendete und die Principien des Rechts nicht mehr in einzelnen Gesetzgebungsakten, sondern in den letzten Gründen der Zweckmäßigkeit, Menschlichkeit und Sittlichkeit erforschte;

das Wachsthum der internationalen Gemeinschaftsinteressen unter den modernen Kulturvölkern.

Bis in die Mitte des XVIII. Jahrhunderts hemmten sich die Gerichtsgewalten nicht nur verschiedener Staaten, sondern auch von Kirche und Staat wechselseitig.

Die Kirche des Mittelalters hatte der Rohheit, der fürstlichen Gewaltthat und dem Machtmißbrauch ein wohlthätiges Asylrecht in Kirchen und Klöstern entgegengesetzt, um Flüchtlinge vor Vernichtung zu schützen. Die Kirche der späteren Jahrhunderte hielt an ihren vermeintlichen Privilegien auch dann noch

---

[1] *Der von dem Amerikaner Robert Fulton 1807 gebaute und 1809 patentierte Raddampfer "North River Steam Boat" brachte dann den Durchbruch. Ab 1836 wurde der Radantrieb durch den Antrieb mit einer Schiffsschraube, eine Erfindung des Österreichers Josef Ressel, ersetzt.*

fest, als eine sichere Rechtsordnung im Staate ihre eigene Entwickelungsbahn begonnen hatte. Bis um die Mitte dieses Jahrhunderts hatte der Clerus in Spanien ein kirchliches Asylrecht gegen flüchtige Verbrecher behauptet. Sogar in freien deutschen Reichsstädten war, wie Kriegk[1] für Frankfurt a. M. nachgewiesen hat, bis an das Ende des vorigen Jahrhunderts vom Asylrechte die Rede.

Was jenseits der Landesgrenzen vorging, kümmerte ehemals grundsätzlich nicht den Richter, sondern nur Diplomaten, Feldherren, Gelehrte oder Kaufleute.

[6/182] Es ist nicht zufällig, daß das Wort „extradition" in der Rechtssprache der Diplomatie und in dem französischen Text der Staatsverträge vor dem Ende des vorigen Jahrhunderts nicht nachgewiesen werden kann. Wo in früheren Jahrhunderten Verbindungen von Staat zu Staat in Beziehung auf die Behandlung von Verbannten oder Flüchtigen getroffen worden waren, hatte man sich anderer, umschreibender Ausdrücke bedient.

Der Gebrauch des Wortes „Extradition" fällt zeitlich nahe zusammen mit der allgemein gewordenen Uebung der Auslieferung und der größeren Häufigkeit der Auslieferungsverträge, die sich seit der Mitte des vorigen Jahrhunderts von Jahrzehnt zu Jahrzehnt

---

[1] *Georg Ludwig Kriegk (1805-1878) war ein deutscher Historiker und Archivar.*

mehren, namentlich aber seit dem Beginn unseres Jahrhunderts, als ein unabweisbares Bedürfniß gesicherter Strafrechtspflege erkannt werden.

Eine kaum zu zählende Reihe von Schriften befaßt sich seit jener Zeit mit der Frage: ob und wie das im Auslande begangene Verbrechen bestraft werden solle?

Jener alte Dualismus zwischen geistlichem und weltlichem, zwischen gemeinem, menschlichen und national begrenztem, besonderem Recht, zieht sich, wenn schon in abgeschwächter Gestalt, auch durch das Strafrecht der neuen Zeit hindurch.

Auf der einen Seite steht das moderne Rechtsgefühl der Kulturvölker, das sich dagegen sträubt, daß schwere Verbrecher ungestraft bleiben, wenn der Verbrecher nach gelungener Missethat irgendwo deren Früchte unbehelligt im Auslande genießt.

Auf der anderen Seite die Aufgabe des Staates, zunächst für seine eigenen Bedürfnisse, und den eigenen Rechtsschutz zu sorgen, indem er überall diejenigen Verbrechen in's Auge faßt, die auf seinem eigenen Gebiete verübt werden und es den Nachbarstaaten überläßt, für ihre eigene Rechtssicherheit durch ausreichende Anstalten der Strafrechtspflege zu sorgen.

[7/183] Diese beiden Richtungen der kosmopolitischen[1] Rechtsinteressen und der nationalen Gesetzge-

---

[1] *Kosmopolitismus, auch Weltbürgertum, ist die Auffassung, daß*

bungsaufgaben durchkreuzen sich in neuerer Zeit sogar häufiger denn je.

Die einfachste Lösung des Confliktes schiene die zu sein, daß in Fällen von besonderer Schwere jeder Kulturstaat, ohne nach dem Orte der That zu fragen, die an irgend einem Punkte der Erdoberfläche auch von einem Ausländer begangenen Verbrechen, zur Bestrafung brächte. R o b e r t  v o n  M o h l[1] und einige anderen Rechtslehrer von hervorragender Bedeutung haben in der That diese Forderung erhoben. Durch den Strafakt soll der Staat nach ihrer Ansicht eine menschheitliche Aufgabe der Gerechtigkeit erfüllen. Das Verbrechen gilt in ihren Augen als Störung einer allgemeinen Weltrechtsordnung, nicht nur einer bestimmten Gesetzesvorschrift einzelner Staaten.

Gegen diese Auffassung des großen Publizisten sträubt sich aber bis zum gegenwärtigen Augenblicke

---

*die ganze Welt als Vaterland betrachtet werden sollte. Hier ist im Gegensatz zu einer nationalen, eine weltweite Sichtweise gemeint.*

[1] *Robert von Mohl wurde 1799 in Stuttgart geboren und starb 1875 in Berlin. Als führender deutscher Staatswissenschaftler popularisierte er den Begriff des "Rechtsstaats". Während der Revolution von 1848/1849 war er Mitglied der Nationalversammlung in der Paulskirche und kurzzeitig Justizminister der deutschen Zentralgewalt. Später gehörte er der Ersten Badischen Kammer an (als Vertreter der Universität Heidelberg), von 1867 bis 1872 als deren Präsident. Er war zudem einer der Herausgeber der „Zeitschrift für die gesamte Staatswissenschaft".*

# Die Auslieferung der Verbrecher und das Asylrecht

Rechtsüberlieferung und Rechtswissenschaft in der Mehrzahl der civilisirten Staaten. Noch halten die meisten Gesetzgebungen, vornehmlich diejenigen von England und Nordamerika, an dem Grundsatze fest, daß das Verbrechen nicht blos eine Verletzung sittlicher Forderungen bedeute, sondern den Bruch eines bestimmten Strafgesetzparagraphen darstelle, daß Gesetze nur für den Unterthanen des Staates oder in dem in unserem Gebiete weilenden Ausländer verpflichtend sind, daß die Macht unserer Gesetze also an der Staatsgrenze aufhört.

Die Folge dieses Rechtszustandes ist somit eine doppelte:

Die Grenze unserer Macht ist der Regel nach auch die Grenze unseres Rechtes.

Wir können durch Staatsanwaltschaft und Kriminalpolizei N i e m a n d verfolgen, der die belgische oder französische Grenze überschritt, nachdem er in Deutschland ein Verbrechen beging [8/134] und wären folglich unberechtigt und außer Stande gewesen, einen Mörder wie Thomas[1] auf englischem Boden zu ergreifen.

---

[1] *Gemeint ist der Kanadier William King Thomas (eigentlich Alexander Keith Jr., 1827-1875). Aufgrund von Geldproblemen kam er auf die Idee, einen Versicherungsbetrug zu begehen, wobei ein Schiff mit einer Bombe versenkt werden sollte, auf dem sich eine zuvor hochversicherte wertlose Fracht befand. Beim dritten Versuch konnte er 1875 eine Bombe auf das Auswandererschiff des Norddeutschen Lloyds „Mosel" mit vierhun-*

# Franz von Holtzendorff

Und andererseits: Wenn ein amerikanischer Mörder nach einem in Paris verübten Morde nach Deutschland entkäme, würde er vor einem deutschen Gerichtshof nicht bestraft werden können, weil, von einigen Ausnahmen abgesehen, deutsche Strafgesetze den Ausländer im Auslande nicht zum Gehorsam verpflichten.

Dieser Widerspruch zwischen dem menschheitlichen Rechtsinteresse, das die Bestrafung schwerer Verbrechen fordert und der nationalen Strafgesetzgebung, welche die Bestrafung der im Auslande von Ausländern begangenen Verbrechen der Regel nach übersieht, kann nur durch A u s l i e f e r u n g gelöst werden, das heißt durch ein internationales[1] Uebereinkommen zwischen zwei Staaten, zum Zwecke einer strafrechtlichen Prozedur gegen solche Personen, die sich durch Flucht der zuständigen Gerichtsbarkeit entzogen haben, sei es daß sie vor der Einleitung einer Untersuchung, sei es, daß sie vor, sei es daß sie nach

---

*dert Passagieren bringen. Thomas wollte die Sprengladung auf der Fahrt scharf machen und in Southampton das Schiff selbst verlassen. Allerdings explodierte die Bombe bereits beim Verladen, wobei über achtzig Menschen ums Leben kamen. Thomas versuchte sich daraufhin, durch zwei Schüsse in den Kopf zu töten, überlebte aber noch so lange, daß er die Tat gestehen konnte. Er erreichte dabei nicht, wie Franz von Holtzendorff vielleicht meint, englischen Boden, weil sich dies alles bereits in Bremerhaven abspielte.*

*[1] Im wörtlichen Sinne: zwischenstaatliches (nicht im häufigeren Sinne: ein alle Staaten umfassendes).*

erfolgter Verurtheilung das Gebiet eines fremden Staates betreten.

Daß alle civilisirten Staaten heut zu Tage ein gemeinsames Interesse daran haben, schwere Verbrechen bestraft zu sehen, ohne Rücksicht darauf, ob sie im Inlande oder im Auslande begangen wurden, leuchtet allgemein auch dem Nichtjuristen ein. Denn Aussicht auf Straflosigkeit ist ein wirksames Motiv des Verbrechens, das um so mächtiger und bedeutsamer wird, je leichter es heute erscheint, die Grenze eines fremden Staates zu erreichen.

Diesem anerkannten Interesse an hinreichender Bestrafung, auch des im Auslande begangenen Verbrechens, entspricht aber heut zu Tage keine feste und sichere Forderung der Theorie.

[9/185] Noch immer ist der alte Streit, ob die Staaten der modernen Kulturwelt einander schlechthin wechselseitig auch ohne vertragsmäßige Vereinbarung zur Auslieferung verpflichtet sind, auf dem alten Standpunkt verblieben, den er vor hundert Jahren erreicht hatte.

Unter solchen Umständen bleibt nichts anderes übrig, als, daß unter Verzichtleistung auf ein allgemeines Auslieferungsrecht unter sämmtlichen Staaten, die einzelnen Staaten sich durch besondere Verträge unter einander verständigen, welche Klassen von Personen ausgeliefert werden sollen und in welchen

Verbrechensfällen einem Auslieferungsgesuche fremder Staaten Statt gegeben werden soll?

Trotz aller Verschiedenheiten im Einzelnen, lassen
sich aber doch bereits heute nach einer kaum hundert-
jährigen Vertragsschließungspraxis in den Auslieferungsverträgen, deren Zahl in die Hunderte geht, gewisse Richtungen, Regeln und Grundsätze erkennen.

Solche Regeln gelten sowohl in der n e g a t i v e n
Richtung der Nichtberechtigung eines Auslieferungs-
begehrens, als in der p o s i t i v e n Richtung der anerkannten Verpflichtung der Staaten zur Auslieferung an
eine fremde Staatsregierung.

Wo die Auslieferungspflicht nach der gegenwärtigen Staatspraxis verneint wird, da fehlt, wenigstens
nach den jetzt gangbaren Vorstellungen, jenes allgemein menschheitliche Interesse, an der Bestrafung des
Missethäter. Oder der Staat, der um Auslieferung an-
gegangen wird, könnte möglicherweise in Widerspruch
zu seiner eigenen Rechtsordnung versetzt werden. Sich
selbst zum Vortheil einer auswärtigen Macht zu be-
schädigen, kann ein Staat niemals gehalten sein. So
lange man in früheren Jahrhunderten, vom Standpunkt
kurzsichtiger Interessenpolitik ausgehend, glaubte, daß
des Nachbars Schädigung gleich-[10/186]-bedeutend so
mit dem eigenen Staatsvortheil, konnte das Auslieferungsrecht nicht gedeihen.

Von dieser dem Nachbarstaat feindlichen Anschauung ist in der Gegenwart nur so viel übrig ge-

blieben, daß zu Kriegszeiten Auslieferungsverträge, die vor dem Ausbruch des Krieges unter den kriegführenden Staaten abgeschlossen wurden, wenn nicht geradezu als aufgehoben, doch als in ihrer Wirksamkeit unterbrochen angesehen werden müssen. Aber auch hier ist denkbar, daß in Zukunft selbst unter kriegführenden Mächten ein gemeinsames Interesse an der Aufrechterhaltung der öffentlichen Ordnung gegen gefährliche Verbrecher bethätigt werde.

# II.

Betrachten wir zunächst die negative Seite, das heißt diejenigen Verhältnisse, in denen Auslieferung von Rechtsweges nicht beansprucht werden soll und nicht gewährt zu werden braucht.

Die erste Regel, welche auch im Deutschen Strafgesetzbuch ihren Ausdruck gefunden hat, ist die, daß eigene Unterthanen an eine ausländische Regierung wegen ihrer in der Fremde begangenen Missethaten nicht ausgeliefert werden sollen.

Der praktische Erfolg[1] dieser Weigerung ist also entweder Straflosigkeit des Rechsflüchtigen *[sic]*, wenn seine im Auslande begangen Missethat nach unsren

---

[1] *Ohne Wertung gemeint, im Sinne von: Ergebnis.*

deutschen Gesetzen mit Strafe nicht bedroht war, oder eine gerichtliche Prozedur vor unsren eigenen Gerichten, wenn nämlich auch nach unseren heimischen Gesetzen die im Auslande begangene Missethat strafbar ist und die Staatsanwaltschaft im einzelnen Falle ein Einschreiten an-[11/187]-gemessen findet, oder endlich, wenn ausnahmsweise die im Auslande begangene Missethat, wie etwa Hochverrath, unser Rechtsinteresse unbedingt schädigt und aus diesem Grunde ohne Berücksichtigung des ausländischen Strafrechts mit Strafe von uns bedroht wird. Wird der Angeklagte Deutsche, bei uns verurtheilt, so trifft ihn wahrscheinlich in der Mehrzahl der Falle eine mildere Strafe, als ihm im Auslande auferlegt worden wäre.

Es liegt in der Natur der menschlichen Verhältnisse, daß das einem Ausländer zumal im Auslande zugefügte Unrecht oft genug weniger schwer empfunden wird, als das inländische Verbrechen.

Sprachen nicht sogar französische Schwurgerichte während der Occupationsperiode nach 1871[1] unter dem überwältigenden Eindrucke ihrer tief erregten Stimmung Angeklagte frei, welche überführt waren und eingestanden hatten, ohne irgend welche Provoka-

---

[1] *Als Ergebnis des Deutsch-Französischen Kriegs (19. Juli 1870 bis 10. Mai 1871) mußte Frankreich eine Entschädigung von 5 Milliarden Francs (vier Milliarden Mark) an Deutschland bezahlen. Bis zur letzten Rate im September 1873 war ein Teil Frankreichs als Pfand von deutschen Truppen besetzt.*

# Die Auslieferung der Verbrecher und das Asylrecht

tion deutsche Soldaten in Frankreich ermordet zu haben?[1]

Der Patriotismus, der, vom Standpunkt des inneren Staatslebens aus betrachtet, als eine hohe Tugend erscheint, ist, auf das Ausland bezogen, selten trennbar von gewissen Bestandtheilen der Selbstüberhebung und Parteilichkeit. Auch die Justizpflege hat ihren Antheil an den Tugenden und Fehlern des ächten oder falschen Patriotismus.

Man glaubt oft ohne Weiteres, daß die Gesetze des Auslandes viel unvollkommener, die Staatsanwaltschaft in fremden Ländern viel abhängiger, die Gerichte befangener, das Recht des Fremden viel unsicherer sei als bei uns. Und ebenso glaubt man in Gemäßheit[2] dieser alten Ueberlieferung, daß auch unsere Strafanstalten viel angenehmer für unsere Delinquenten sind, als diejenigen des Auslandes.

Daher kommt es, daß jeder Staat in Beziehung auf die [12/188] ausländische Rechtspflege ein stilles Mißtrauen hegt, das abscheulich genannt werden würde,

---

[1] In seinem Buch „Das Verbrechen des Mordes und die Todesstrafe" von 1875 (Neuausgabe bei Libera Media) konkretisiert Franz von Holtzendorff diesen Punkt. Es handelt sich um mehrere Fälle, bei denen Deutsche in Frankreich aus „exaltation patriotique" (patriotischer Erregung) getötet und die Täter von französischen Gerichten freigesprochen wurden.

[2] in Übereinstimmung mit.

wenn es von irgend Jemand gegen die eigenen Landesgerichte geäußert würde.

Mißtrauisch gegen die Justiz des Auslandes, kleidet sich der Patriotismus des Strafgesetzgebers nicht selten in die Formel der Nationalwürde. Man redet sich vielfach ein, daß es der nationalen Würde zuwider läuft, einen zu uns entkommenem verbrecherischen Landesgenossen an fremdländischer Gerichte zu verweisen.

Als unhaltbarer Wahn erscheint jedenfalls die Meinung, daß alle Gesetze und Gerichte in allen ausländischen Kulturstaaten schlechter beschaffen sein müssen, als gerade in denjenigen Ländern, von denen die Auslieferung eigener Unterthanen grundsätzlich verweigert wird.

Die beiden Völker, in denen das Nationalgefühl den höchsten Gipfel des Erreichbaren erstieg — Römer und Engländer, haben anders gedacht. England hat sich dem Einfluß continentaler Theorien in neuer Zeit nicht völlig zu entziehen vermocht. Aber auch heute bewilligen Englische Auslieferungsverträge die Ueberweisung an eine fremde Justiz. Allgemein bekannt ist der Fall Tourville[1], in welchem der An-

---

[1] *Der Engländer Henry Tourville und seine achtzehn Jahre ältere Gattin Madelaine Miller, die er wegen ihres Vermögens geheiratet hatte, bestiegen auf ihrer Hochzeitsreise im Sommer 1875 das Stilfser Joch in Südtirol. Hier stürzte die Frau ab und starb auf der Stelle, was Tourville als Unfall hinstellte. Da er sich anderweitig verdächtig gemacht hatte, wurde er im April 1877 vor*

geklagte, obwohl er naturalisirter[1] englischer Un-
terthan war, ausgeliefert und von dem Bozener
Schwurgerichte wegen Gattenmordes zum Tode verurtheilt wurde[2].

Das oberste Interesse des modernen Staates ist,
daß die von seinen Unterthanen im Ausland begangenen schweren Verbrechen g e r e c h t bestraft werden.
Will er aus dem Grunde und in der Meinung, daß die
Gerichte des Auslandes überall schlechter seien, als die
eignen, die Auslieferung versagen, so wäre dies unzweifelhaft eine Annahme beleidigenden Charakters.

Und was käme außerdem noch in Betracht? Vielleicht das [13/189] Interesse des Angeklagten, möglichst
zahlreiche Chancen der Freisprechungen vor sich zu

---

dem Schwurgericht in Bozen wegen Mordes angeklagt. Bei einem Ortstermin konnte anhand einer Puppe nachgewiesen werden, daß seine Frau nur durch Gewalt hinabgestürzt sein konnte. Er wurde daraufhin im November 1877 wegen vorsätzlicher
Tötung, aber ohne Überlegung, verurteilt. (Vgl. hierzu: Hugo
Friedländer: Der Gattenmord auf dem Stilfser Joch, in: Kulturhi-
storische Kriminal-Prozesse der letzten vierzig Jahre, Band 1, S.
16–17, Berlin 1908. Im Text finden sich andere Zeitangaben, die
in der Fußnote korrigiert werden.)

[1] eingebürgerter.

[2] Da die Geschworenen keine Überlegung annahmen, wurde
Tourville nicht, wie Franz von Holtzendorff irrtümlich meint, zum
Tode, sondern zu zwanzig Jahren schwerem Kerker verurteilt.

# Franz von Holtzendorff

sehen oder eine möglichst geringe Strafe im Falle der Verurtheilung sich zuzuziehen.

Versetzen wir uns einen Augenblick auf den Standpunkt eines Deutschen, der wegen einer im Auslande, etwa in England, begangenen Missethat, in Berlin angeklagt werden soll und nunmehr seine Chancen überblickt.

Hätte er nicht allen Anlaß, zu fragen:

„Ist es mir nicht vortheilhafter, einen englischen Privatankläger[1] an Stelle eines kontinentalen Staatsanwalts[2] zum Prozeßgegner zu haben?"

„Sind mir die Rechte englischer Vertheidigung[3] und die Oeffentlichkeit einer englischen Voruntersu-

---

[1] *Im englischen Recht durfte jeder Anwalt als „private prosecutor" eine Anklage vorbereiten und jemanden vor Gericht bringen, meist auf Betreiben des Opfers. Es gab „prosecution associations", die solche privaten Ankläger finanzierten und in denen die Mitglieder versichert waren. Die Praxis war im 19. Jahrhundret immer noch üblich (auch länger noch sowie in gewissen amerikanischen Bundesstaaten oder in Nigeria). Eine liberale Forderung in Deutschland in der Zeit war es, das Anklagemonopol der Staatsanwaltschaft abzuschaffen, womit ein solches System ebenfalls möglich geworden wäre.*

[2] *Der Ankläger ist in diesem Fall ein Staatsbedensteter und hat ein Monopol, die Anklage zu erheben. Das war zu der Zeit das übliche System nicht nur auf dem europäischen Kontinent, sondern auch in Schottland, Kanada und den USA, und ist es auch heute in England.*

[3] *Im angelsächsischen Recht darf beispielsweise sowohl die Ver-*

# Die Auslieferung der Verbrecher und das Asylrecht

chung[1] zur Wahrnehmung meiner Interessen nicht
dienlicher, als der Machtapparat des französisch-
deutschen Strafprozesses[2]?"

---

teidigung als auch die Anklage Zeugen einbestellen und befra-
gen. Im deutschen Recht macht das das Gericht, und die Befra-
gung erfolgt durch den Richter, während Anklage und Verteidigung nur in zweiter Linie Fragen stellen dürfen. Insofern Richter
und Staatsanwälte abhängige Beamte sind, ergeben sich bei
entsprechendem Interesse (etwa während angespannter Phasen
wie dem Preußischen Verfassungskonflikt) Möglichkeiten, den
Fortgang des Prozesses im Sinne des Staates zu gestalten. Das
wäre in England wesentlich schwieriger gewesen. Im angelsächsischen Recht sind außerdem Geschworenengerichte verpflichtend, während sie im deutschen Recht in der Zeit gerade bei
politischen Anklagen ausgeschlossen sind (entsprechend wird
von den Liberalen die Einführung von Geschworenengerichten
gerade für politische und Pressevergehen gefordert).

[1] Im deutschen Recht wird die Voruntersuchung von der Polizei
und einem Untersuchungsrichter durchgeführt und ist nicht öffentlich. Die Ergebnisse werden dann in das Verfahren einge-
bracht. Im angelsächsischen Recht bringen sowohl Anklage als
auch Verteidigung Beweise und Zeugen bei, die dann den Geschworenen präsentiert werden. Der Richter kann einschreiten,
etwa wenn Beweise auf illegalem Wege zustandegekommen
sind. Ansonsten haben es aber Anklage und Verteidigung in der
Hand, welche Beweise in der öffentlichen Verhandlung zum Tra-
gen kommen.

[2] Also ein Übergewicht von Beteiligten, die zwar zu unterschiedlichen Zweigen, aber doch alle zum Staat gehören: Polizei, Untersuchungsrichter, Staatsanwaltschaft und Richter, denen nur
die Verteidigung mit im Vergleich zum angelsächsischen Prozeß
begrenzten Möglichkeiten gegenübersteht.

# Franz von Holtzendorff

„Würde ich in England nicht gegen Bürgschaft[1] freigelassen werden, wo mir auf dem Kontinent mehrere Monate hindurch die Freiheit im Wege der Voruntersuchungshaft entzogen bleibt?"

„Ist die Grundrichtung, die die Auslegung der Strafgesetze in England, Belgien und Frankreich gegenwärtig innehält, der staatsbürgerlichen Freiheit und den Interessen Angeklagter nicht weitaus dienlicher, als die Strafrechtspraxis mancher deutscher Gerichtshöfe?"

„Würden ausländische Richter nicht in gewissen Anklagefällen freisprechen, in denen einheimische Gerichte verurtheilen?"

Um diese Fragen in jedem einzelnen Falle richtig zu beantworten, müßte man die Strafgesetze und Prozeßeinrichtungen des Auslandes mit unsren eignen sorgfältig vergleichen. Aber gewiß läßt sich nicht behaupten, daß solche Fragen unbedingt von vornherein in allen Fällen zu Ungunsten des Auslandes zu verneinen sind.

[14/190] Im Gegentheil muß anerkannt werden, daß der Englische und schottische[2] Strafprozeß durchschnittlich den Rechten des Angeklagten günstiger er-

---

[1] *Hinterlegung einer Sicherheit.*

[2] *Aus historischen Gründen hat Schottland ein eigenes, wenn auch ähnliches Rechtssystem wie England.*

scheint, als der französische oder deutsche Strafprozeß. Und ebenso ist es unzweifelhaft, daß Englische Gerichte den Wortlaut der Strafgesetze niemals über den einem Laien faßbaren Sinn soweit gedehnt haben, wie das ehemalige Obertribunal zu Berlin. Hatte doch, wie Hélie[1] bezeugt, der französische Cassationshof[2] schon in älterer Zeit eine Interpretations-Maxime angenommen, deren politische Bedeutung einem staatsbürgerlichen Grundrechte des Verfassungslebens vollkommen gleich kommt, die Regel nämlich:

„Strafgesetze dürfen durch den Richter niemals anders, als nach dem allgemein erkennbaren Wortlaut ausgelegt werden."

Es entspricht weder dem allgemeinen Rechtsinteresse des Staates, noch dem Vortheil eines Angeklagten, die Auslieferung eines Unterthanen an das Ausland unbedingt und ausnahmslos zu verbieten.

Dem Rechtsinteresse des Staates wird mindestens in solchen Fällen nicht genügt, in denen nach der Natur der Verhältnisse eine wirksame Ueberführung des Schuldigen nur in der nächsten Nähe des

---

[1] *Faustin Hélie (1799-1884) war ein französischer Rechtsgelehrter.*

[2] *Der Kassationshof Frankreichs (Cour de cassation) ist das höchste Gericht Frankreichs mit Sitz im Palais de Justice in Paris. Es überprüft Urteile auf Rechtsfehler, bei deren Vorliegen es Urteile der untergeordneten Gerichte aufhebt.*

# Franz von Holtzendorff

Verbrechensortes, daß heißt in dem Gerichts-stande[1] der begangenen That (forum delicti commissi) erreicht werden kann.

Um dies zu begreifen, vergegenwärtige man sich noch einmal die wichtigsten Umstände des Prozesses von Tourville, der von einer abschüssigen Stelle der Stilfser Joch-Straße[2] seine Ehegattin, die er zu beerben gedachte, in die Tiefe hinabgestürzt hatte und einen ihr zugestoßenen Unglücksfall vorzuspiegeln versuch-te. Sein Plan wäre ihm beinahe geglückt; denn die gegen [15/191] ihn eingeleitete Voruntersuchung war auf Grund der ersten ärztlichen Meinungsäußerungen ein-gestellt worden.

Wäre Tourville auch in England mit Sicherheit zu überführen gewesen?

Privatankläger hätten sich wegen der in diesem Falle aufwachsenden Kosten vielleicht des Einschrei-tens enthalten.

Höchst wesentliche Beweismittel waren nur in Ty-rol[3], nur an Ort und Stelle, nutzbar zu machen.

---

[1] *Ort des zuständigen Gerichts.*

[2] *Das Stilfser Joch ist mit 2757 Metern über dem Meeresspiegel der höchste Gebirgspaß im damaligen Tirol (als Teil von Öster-reich-Ungarn) und heute in Italien.*

[3] *Die „Gefürstete Grafschaft Tirol mit dem Lande Vorarlberg" als Teil von Österreich in Österreich-Ungarn. Nach dem Ersten Weltkrieg wurde Tirol dann in Nord- und Südtirol aufgespalten,*

# Die Auslieferung der Verbrecher und das Asylrecht

Angenommen man hätte sämmtliche Belastungszeugen aus den Thälern der Ortlergruppe[1] nach London kommen lassen, um sie vor dem Centralcriminalgerichtshof vernehmen zu können, hätte man in London die Dolmetscher zur Hand gehabt, um den Dialekt der biederen[2] Thaler[3] nach allen Nuancen den Geschworenen verständlich zu machen?

Und angenommen, es wäre auch in London als nothwendig erachtet worden, an Ort und Stelle auf der Stilfser-Jochstraße durch Augenscheinseinnahme[4] genau festzustellen, welchen Weg ein in die Tiefe theils herabgestürzter, theils herabgeschleifter Körper genommen hatte, würde jene juristische Reisegesellschaft von Richtern, Geschworenen, Anklägern und Vertheidigern die Mittel gefunden haben, um sich durch unmittelbare Fragestellung an Sachverständige und Zeugen die erforderliche Aufklärung zu verschaffen?

---

*wobei letzteres an Italien fiel.*

[1] *Die Ortlergruppe ist ein Gebirge in Tirol und der Schweiz, dessen höchste Erhebung der Ortler mit einer Höhe von 3905 Metern über dem Meeresspiegel ist. Dort liegt auch das Stilfser Joch.*

[2] *in der älteren Bedeutung: rechtschaffen.*

[3] *Talbewohner.*

[4] *Lokaltermin.*

## Franz von Holtzendorff

Ich kann nicht glauben, daß das Strafrecht sein letztes Wort gesprochen hat, wenn es die unbedingte Nichtauslieferung der Staatsunterthanen billigt und damit sowohl die Verletzung höherer Rechtsinteressen der menschheitlichen Ordnung, als die mögliche Beschädigung des Angeklagten sanktionirt[1].

Die Auslieferung an das Ausland sollte vielmehr nur dann versagt werden, wenn zwei Bedingungen gegeben sind, d. h. wenn der inländische Staat die im Auslande begangene Misse-[16/192]-that als eine verbrecherische im einzelnen Falle nicht anerkennt, oder wenn er die als verbrecherisch anerkannte That zwar nach seinen Prozeßgesetzen selbst verfolgen darf, gleichzeitig aber der Angeklagte gegen seine Auslieferung an das Ausland deswegen Widerspruch einlegt, weil er nach dem Prozeßgesetze des Auslandes ungünstiger stände oder die Unparteilichkeit ausländischen: Richter anfechten kann.

Man darf nicht vergessen, daß der Angeklagte einen ausländischen Criminalprozeß seiner Aburtheilung im Inlande vorziehen kann. Denn unter Umständen kann es ihm im Auslande leichter sein, Vertheidigungsmittel für sich zu beschaffen, deren Vorladung vor ein inländisches Gericht erheblichen Schwierigkeiten begegnen würde.

---

[1] *gutheißt.*

# Die Auslieferung der Verbrecher und das Asylrecht

Jener Regel der Nichtauslieferung des eigenen Unterthanen lagen bisher verschiedene Gedankenreihen zu Grunde:

Zuvörderst[1] der Gegensatz der Strafprozeßprinzipien, insbesondere der alte Streit zwischen den Anhängern der Oeffentlichkeit und Mündlichkeit auf der einen Seite und der Heimlichkeit und Schriftlichkeit auf der anderen[2]. Glaubte man in einem bestimmten Staat, daß eine unparteiische und gründliche Beweisführung schriftliches Verfahren erfordere, so mußte man Anstand nehmen[3], Unterthanen einer Prozedur mit mündlichem Verfahren zu überweisen und umgekehrt. Wo das Prinzip der Oeffentlichkeit und Mündlichkeit galt, mußte man in der Heimlichkeit ausländischen Gerichtsverfahrens mit Recht eine Gefährdung der persönlichen Freiheit erblicken.

Dazu kam alsdann instinktive Besorgniß und Eifersucht. Man fürchtete, seiner staatlichen Souveränetät Abbruch zu thun[4], wenn man sich auf Verlangen

---

[1] Vor allem.

[2] Ob die Beweisaufnahme öffentlich im Rahmen des Prozesses erfolgt oder vorweg nicht-öffentlich durch Polizei und Untersuchungsrichter.

[3] beanstanden.

[4] sie zu beeinträchtigen, schädigen.

auswärtiger, vielleicht mächtigerer Staaten, der Verfügung über den eigenen Unterthanen entschlug[1].

[17/193] Als endlich moderne Verfassungsurkunden seit der französischen Revolution den Staatsregierungen gewisse Schranken setzten und vorschrieben, daß niemand seinem ordentlichen Richter entzogen werden solle, glaubte man folgern zu müssen, daß ausländische Richter als ordentliche Richter über fremde Staatsbürger nicht anzuerkennen seien.

Heute liegen die Verhältnisse schon wesentlich anders.

Die Unterschiede in den Strafprozeßprinzipien sind in der Ausgleichung begriffen. Die Vorzüge öffentlicher und mündlicher Rechtspflege sind fast überall zugestanden und werden in Deutschland höchstens nur noch von Militärrichtern mit Beziehung auf den Soldatenstand in Frage gestellt.

Desselben allgemeinen Anerkenntnisses erfreut sich der Grundsatz der Unabhängigkeit der Rechtspflege.

Jene staatsrechtlichen, der Souveränetät entnommenen Bedenken sind heut zu Tage wenigstens dann nicht mehr vorhanden, wenn in den Auslieferungsverträgen Gegenseitigkeit verbürgt wird in Beziehung auf die Auslieferung von Unterthanen.

---

[1] *darauf verzichtete.*

# Die Auslieferung der Verbrecher und das Asylrecht

Zukünftige Zeiten werden daher die Frage, ob die eigenen Unterthanen unter bestimmten Umständen dem Auslande auszuliefern sind, nicht mehr vom Standpunkte der nationalen Souveränetät, sondern vorzugsweise vom Standpunkte der allgemeinen Strafrechtsinteressen, der Sicherung der Völkerrechtsordnung, der Humanität und der dem Angeklagten zustehenden Vertheidigungsberechtigung prüfen müssen. Bei der in der modernen Staatenwelt fortbestehenden Ungleichartigkeit der heutigen Strafrechtszustände wird von der Regel der Nichtauslieferung schwerlich so bald abgegangen werden können.

Anzuerkennen ist auch, daß der Kampf um Beibehaltung [18/194] oder Abschaffung der Todesstrafe[1] eine endgültige Ausgleichung dieser Verhältnisse erschwert.

Das sittliche Gefühl sträubt sich dagegen, daß Staaten, die die Todesstrafe für die schwersten Verbrechensfälle abgeschafft haben, ihre eigenen Unterthanen einem ausländischen Henker überliefern, oder in Gefängnisse einsperren lassen, die den

---

[1] *Diese Frage beschäftigte Franz von Holtzendorff ganz besonders. 1870 war er einer der führenden Unterzeichner einer Petition an den deutschen Reichstag mit der Forderung, die Todesstrafe abzuschaffen. In seiner Schrift „Die Psychologie des Mordes" und ausführlicher in „Das Verbrechen des Mordes und die Todesstrafe" (beide von 1875, Neuausgaben bei Libera Media), entwickelte er seine Argumente auch für ein breites Publikum.*

# Franz von Holtzendorff

Grundsätzen humaner Behandlung in ihren Einrichtungen zuwider sind.

Jener einseitige Gesichtspunkt, wonach sich der Staat niemals herbeilassen soll, seinen Unterthanen wegen der im Auslande begangenen Delikte auszuliefern, ist nicht selten eine Maske anderer Interessen gewesen.

Dies gilt beispielsweise von dem Verhalten des nordamerikanischen Unionspräsidenten Monroe[1], der sich 1818 weigerte, zur Unterdrückung des Sclavenhandels[2] eine von England vorgeschlagenen Einrichtung gemischter Gerichtshöfe anzunehmen.

Monroe erwiderte der Englischen Regierung, amerikanische Sclavenhändler hätten ein verfassungsmäßiges Recht darauf, von einheimischen Richtern abgeurtheilt zu werden, da diese ihrerseits hinwieder-

---

[1] *James Monroe (1758-1831) war von 1817 bis 1825 der 5. Präsident der Vereinigten Staaten von Amerika.*

[2] *Mit dem „Slave Trade Act" von 1807 wurde der Sklavenhandel im britischen Empire abgeschafft. Die Royal Navy war beauftragt gegen Sklavenhändler vorzugehen. Der Sklavenhandel wurde der Piraterie gleichgesetzt und mit dem Tode bestraft. Nach der amerikanischen Verfassung durften Sklaven noch bis 1808 eingeführt werden. Der Kongreß beschloß 1807, daß dieses Datum bindend sein sollte. Mit der "Erklärung der Mächte zur Abschaffung des Sklavenhandels" schlossen sich am 8. Februar 1815 auch die Vertragsparteien des Wiener Kongresses der britischen Auffassung an, daß der Sklavenhandel zu unterdrücken sei.*

um nach amerikanischen Gesetzen im Falle des
Amtsmißbrauchs angeklagt werden könnten. Thatsächlich bedeutete diese Einwendung nichts anderes
als den Schutz der Sclaverei durch Gesetze, die für
freie Bürger gegeben waren.

Erwägt man vom Standpunkte der Humanität daß
die Richter in der nordamerikanischen Union[1] der
Sclavenhalterei Jahrzehnte hindurch günstig gestimmt
waren und daß die große amerikanische Republik der
Institution des Sclavenhandels die Lebensfrist um ein
Vierteljahrhundert verlängerte[2], so zeigt gerade dieser
Fall, daß ausländische Gerichtsbehörden bei gewissen
[19/195] Verbrechen gerechter und unabhängiger urtheilen können, als inländische.

Als ein sehr wichtiger Vorgang muß es angesehen
werden, daß England in allerneuester Zeit zu seinem
alten Rechtsgrundsatze zurückkehrt, wonach einerseits
Verbrechen von Ausnahmen abgesehen, nur am Orte
der That selber bestraft werden sollen, die an ausländischen Orten begangenen Verbrechen also in England
regelmäßig nicht bestraft werden können, dagegen

---

[1] *In der Zeit werden die USA häufig als Nordamerikanische Union bezeichnet. Es gibt nämlich auch südamerikanische Unionen,
etwa Vereinigten Staaten von Kolumbien.*

[2] *Das ist nur insofern richtig, als es sich um den Sklavenhandel
innerhalb der USA handelt. Die Einfuhr von Sklaven von außerhalb der USA war ab 1808 verboten.*

aber auch Englische Unterthanen an das Ausland ausgeliefert werden sollen.

Die jüngsten Nachrichten behaupten, daß in den
gegenwärtig wegen eines Auslieferungsvertrages mit
der Schweiz schwebenden Verhandlungen, England
einerseits auf die Auslieferung schweizerischer Bürger
verzichtet, andererseits aber die Auslieferung englischer Unterthanen zugestanden habe, von der bisher
üblich gewordenen Gegenseitigkeitspraxis also abgegangen sei.

Angesichts dieses Vorganges erscheint es kaum zulässig, die Nichtauslieferung der eigenen Unterthanen
als nationale Ehrensache zu bezeichnen. Im Gegentheil steht zu hoffen, daß diese Frage ein anderes An-
sehen gewinnen wird, wenn jeder Staat seine Ehre darin setzt, den Zweifel zu beseitigen, als ob Ausländer
vor seinem Gerichtshofe minder gut behandelt werden, als seine eigenen Staatsangehörigen, wenn insbesondere für die Vertheidigung fremder Angeklagten
von Amtswegen ebenso gesorgt wird, wie für die
Vertheidigung solcher, die der Rechtshülfe in höherem
Maße benöthigt[1] sind; wenn die Verschiedenheit in der
Härte der Strafen, für ein und dasselbe Verbrechen
durch internationale Vereinbarung dahin ausgeglichen
sein wird, daß den ausgelieferten Ausländer keine här-
tere Strafe treffen darf, als dies in seiner eigenen Hei-

---

[1] *diese benötigen.*

# Die Auslieferung der Verbrecher und das Asylrecht

math [20/196] für den gleichen Fall angedrohte Strafübel und wenn endlich die internationalen Versuche einer Gefängnisreform[1] zu einem gewissen Abschluß gediehen sein werden.

Auch das im Jahre 1873 zu Gent begründete völkerrechtliche Institut[2] (Institut de droit internationale), das im Jahre 1880 auf seiner Jahresversammlung in Oxford eine allgemeine Richtschnur für den Inhalt der Auslieferungsverträge entwarf, hat sich einer grundsätzlichen Billigung der Nichtauslieferung eigner Unterthanen enthalten und überdies anerkannt, daß die Auslieferung wenigstens dann nicht verweigert werden sollte, wenn ein Verbrecher erst nach begangener Missethat in demjenigen Staate naturalisirt[3] wurde, von welchem er in Ermangelung der Unterthaneneigenschaft auszuliefern sein würde.[4]

---

[1] Dies ist ebenfalls ein Thema, mit dem sich Franz von Holtzendorff ausgiebig beschäftigte, siehe dazu etwa die biographischen Angaben in der Einleitung zu diesem Buch.

[2] An dem Institut war Franz von Holtzendorff selbst beteiligt.

[3] eingebürgert.

[4] [Anmerkung 1:] Die Grundsätze, welche das völkerrechtliche Institut (Institut de droit international) in seiner Jahresversammlung (1880 im September) zu Oxford bezüglich der Regelung des Auslieferungswesens angenommen hat, sind folgende:

1.

# Franz von Holtzendorff

---

Die Auslieferung ist ein internationaler Rechtsakt, der der Gerechtigkeit und dem Staatsinteresse entspricht. Sein Zweck ist wirksame Verhinderung oder Bestrafung der Verbrecher.

### 2.

Sicher und regelmäßig kann die Auslieferung nur dann gehandhabt werden, wenn Staatsverträge bestehen. Es ist wünschenswerth, daß deren Zahl sich immer mehr und mehr steigere.

### 3.

Dennoch sind es keineswegs Vertragsabschlüsse allein, wodurch die Rechtmäßigkeit der Auslieferungen begründet wird. Die Auslieferung darf auch in Ermangelung jeder vertragsmäßigen Verpflichtung bewerkstelligt werden.

### 4.

Es ist wünschenswerth, daß in jedem Lande das Auslieferungsverfahren durch Gesetz geordnet werde. Das gleiche gilt von den Bedingungen, unter denen die als Missethäter in Anspruch genommenen Personen solchen Regierungen ausgeliefert werden sollen, mit denen ein Staatsvertrag nicht abgeschlossen wurde.

### 8.

Die Bedingung der Gegenseitigkeit (réciprocité) kann dabei durch politische Interessen empfehlenswerth werden, bildet aber keine Forderung der Gerechtigkeit.

### 9.

Unter Staaten, deren Strafgesetzgebungen auf übereinstimmenden Grundlagen beruhen, und die ein wechselseitiges Vertrauen in ihre Gerichtseinrichtungen sehen dürfen, wäre die Auslieferung der eigenen Staatsangehörigen ein Mittel, um eine gute Justizverwaltung zu sichern, zumal man es als

wünschenswerth betrachten muß, daß soweit als möglich, die
Gerichtsbarkeit im forum delicti commissi, zur Aburtheilung
berufen werden sollten.

### 10.

Wo man bei der gegenwärtigen Praxis der Nichtauslieferung
der eigenen Unterthanen stehen bleibt, sollte man wenigstens
diejenigen Staatsbürgerrechte nicht berücksichtigen, die erst
nach Begehung derjenigen Missethat erworben wurden, wegen welcher die Auslieferung verlangt wurde.

### 8.

Die Berechtigung des um Auslieferung ersuchenden Staates
muß nach dessen eigner Gesetzgebung bemessen werden.
Dieselbe darf aber nicht in Widerspruch stehen mit der Gesetzgebung des ersuchten Zufluchtsstaates.

### 9.

Liegen mehrere Auslieferungsgesuche wegen eines und desselben Verbrechens vor, so gebührt der Vorrang demjenigen
Staate, in dessen Gebiet die Missethat verübt wurde.

### 10.

Wenn dasselbe Individuum durch mehrere Staaten wegen
verschiedener Verbrechen in Anspruch genommen wird, so
hat der um Auslieferung ersuchte Staat seine Entscheidung
unter Berücksichtigung der größeren oder geringeren Schwere
jener Verbrecher zu treffen. Ergeben sich bezüglich der
Schwere Zweifel, so ist der zeitlich früher gestellte Auslieferungsantrag bevorrechtet.

### 11.

Als Regel ist zu fordern, daß die der Auslieferung zu unterwer-
fenden Straffälle nach der Gesetzgebung der beiden in Betracht kommenden Länder für strafbar erklärt sind; ausge-

nommen davon sind solche Fälle, wo wegen besonderer Staatseinrichtungen oder wegen der geographischen Lage eines Landes der in Betracht kommende Thatbestand nicht entstehen könnte [[Fußnote:] Dies würde beispielsweise vom Seeraube gelten, der in einem Binnenlande wie die Schweiz. Serbien u. s. w. nicht begangen werden könnte.].

### 12.

Da die Auslieferung immer eine tief einschneidende Maßregel ist, setzt sie regelmäßig Vergehen von einer gewissen Erheblichkeit voraus, die in den Auslieferungsverträgen genau aufgezählt werden müssen. Die darauf bezüglichen Bestimmungen werden natürlich von der besondern Lage der in Betracht kommenden vertragsschließenden Staaten beeinflußt.

### 13.

Wegen politischer Verbrechen findet keine Auslieferung statt.

### 14.

Der um Auslieferung ersuchte Staat prüft selbständig nach den vorliegenden Umständen, ob der dem Auslieferungsgesuch zu Grunde liegende Thatbestand einen politischen Charakter an sich trägt oder nicht. Bei dieser Prüfung hat er sich von folgenden Gesichtspunkten leiten zu lassen:

a. Die Thatbestände. in denen die Merkzeichen eines gemeinen Verbrechens gegeben sind (Mord, Brandstiftung Diebstahl), dürfen der Auslieferung nicht deswegen entzogen werden, weil deren Urheber politische Zwecke im Auge hatten.

b. Bei der Erwägung derjenigen Thatsachen die im Laufe einer Insurrektion oder eines schweren Bürgerkrieges begangen wurden, muß man als Richtschnur die Frage nehmen, ob dieselben durch den Kriegsgebrauch entschuldigt werden konnten.

## 15.

Jedenfalls darf die Auslieferung wegen einer That, die gleichzeitig als gemeines und als politisches Verbrechen anzusehen ist, nur dann gewährt werden, wenn der ersuchte Staat die Zusicherung erhält, daß der Ausgelieferte nicht durch ein Ausnahmegericht abgeurtheilt werden wird.

## 16.

Die Auslieferung bezieht sich nicht auf Desertion der zur Landarmee oder Kriegsflotte gehörige Soldaten oder auf rein militärische Vergehen. Diese Regel sieht aber der Auslieferung von Matrosen der Staats- oder Handelsmarine nicht im Wege.

## 17.

Auslieferungsgesuche oder Auslieferungsanträge dürfen auf solche Handlungen angewendet werden, die begangen wurden, ehe dieselben in Kraft traten.

## 18.

Die Auslieferung findet auf diplomatischen Wege statt.

## 19.

Wünschenswerth ist, daß in dem Zufluchtsstaate die Gerichtsbehörde berufen werde, nach stattgehabten contradictorischen Verfahren über das Auslieferungsgesuch zu entscheiden.

## 20.

Der um Auslieferung ersuchte Staat darf die Auslieferung nicht gewähren, wenn in Gemäßheit seines Staatsrechts der Richter entschieden hat, daß dem Auslieferungsgesuche nicht stattgegeben werden darf.

## 21.

Die Prüfung des Auslieferungsgesuchs hat sich auf die allgemeinen Bedingungen der Auslieferung und die thatsächliche Begründung der Anklage zu erstrecken.

22.

Die Regierung, welche wegen einer bestimmten Missethat die Auslieferung gewährt erhielt, ist in Ermangelung entgegenstehender Verbindungen von Rechtswegen verpflichtet, den Ausgelieferten nur wegen dieser That ausschließlich aburtheilen zu lassen.

23.

Die Regierung, welche eine Auslieferung zugestand, kann nachträglich darin willigen, daß der Ausgelieferte auch noch wegen andrer Verbrechen, als wegen welcher er ausgeliefert wurde, abgeurtheilt werde, wofern diese anderen Verbrechen eine Auslieferung begründen konnten.

24.

Die Regierung, die in Folge einer stattgehabten Auslieferung ein Individuum in ihre Gewalt brachte, kann dasselbe, ohne Genehmigung des ausliefernden Staates, nicht einer anderen Regierung überweisen.

25.

Die vom Richter ausgegangene Beurkundung wodurch die Auslieferung für zulässig erklärt wird, muß die Umstände feststellen, unter denen die Auslieferung vor sich gehen soll, ingleichen die Thatsache wegen welcher die Auslieferung gewährt wird.

26.

Dem Ausgelieferten sollte es nicht versagt sein, die Regelwidrigkeit derjenigen Umstände, unter denen seine Auslieferung

# III.

Die zweite Ausnahme von der allgemein vorausge-
setzten Auslieferungspflicht bildet die Klasse der
politischen Verbrecher. Es ist ein Grundsatz des
modernen Völkerrechts, daß eine Verpflichtung zur
Auslieferung politischer Verbrecher nicht besteht und
auch vertragsmäßig nirgends übernommen werden
sollte, Auslieferung politischer Verbrecher sogar der
Völkermoral zuwiderläuft.

Auch dieser Satz ist neu. Der Denkweise des Alterthums liegt es fern, eine wesentliche Verschiedenheit anzunehmen zwischen Angriffen auf den Staat
und Angriffen auf das Recht der einzelnen Bürger.
Das politische Verbrechen in antiken Republiken erscheint vornehmlich ausgeprägt als Angriff auf die
Volksfreiheiten und den Bestand freier Staatsverfas-
sungen. Das antike [21/197] Staatsverbrechen ist Treu-
bruch der vom freien Volk erwählten Staatsbeamten,
Feldherren oder Befehlshaber, Verrath am Volke, Auf-

---

als erfolgte, als prozeßhindernde Einrede vor dem in der Sache selbst endgültig erkennenden Gerichtshofe vorzubringen.

lehnung der Obrigkeit gegen das Recht des wählenden Volkes, nicht umgekehrt Auflehnung des einzelnen Bürgers gegen die Macht der Obrigkeit.

Gerade in diesem Punkte zeigt sich der Unterschied zwischen moderner und antiker Anschauungsweise. Das politische Verbrechen der neueren Zeit, aus monarchischer Ueberlieferung erwachsen, ist der Angriff einzelner Privatpersonen gegen den wirklichen oder vermeintlichen Mißbrauch obrigkeitlicher Macht gegen das Recht der Staatsgewalt, die unabhängig vom Volkswillen entstand.

Die moralische Würdigung der Staatsverbrechen muß daher nach der antiken Denkweise im Vergleich zu uns eine verschiedene sein. Während nach monarchischem Staatsrecht der Angriff auf das Leben des Staatsoberhauptes das schwerste Verbrechen darstellt, ist nach republikanischer Denkweise der antiken Staatsmänner und Philosophen Tyrannenmord[1] überhaupt kein Verbrechen, sondern eine verdienstliche That. Und andererseits mußte der verrätherische Gebrauch der Staatsmachtmittel zur Vernichtung der

---

[1] *Der bekannteste Tyrannenmord des griechischen Altertums ereignete sich im Jahre 514 v. Chr., als Harmodios und Aristogeiton ein Attentat auf die Tyrannen Hippias und Hipparchos verübten, bei dem der letztere ums Leben kam. Den Attentätern wurde in Athen ein Denkmal gesetzt. Die Ermordung von Julius Caesar am 15. März 44 v. Chr. ist wohl der berühmteste Fall aus römischer Zeit. Allerdings wurden die Attentäter nicht derart einhellig für ihre Tat gewürdigt.*

# Die Auslieferung der Verbrecher und das Asylrecht

Volksfreiheit, wo er von der erwählten Obrigkeit aus-
geht, weitaus schändlicher und schwerer erscheinen,
als Mord oder Todtschlag, begangen von einzelnen
Staatsbürgern. Auch das Mittelalter weiß nichts von
Schonung gegenüber denjenigen, die sich gegen die
hergebrachte Ordnung des Staates und der Kirche auf-
lehnen; aber es zeigte sich doch der beginnende Conflikt der Anschauungen zuerst auf dem kirchlichen
Boden. Auf der einen Seite der ungeheuere, über das
gesammte Gebiet der Christenheit erstreckte einheitliche Machtorganismus der katholischen Kirche, auf der
anderen die Auflehnung des individuellen Gewissens
unter dem amtlichen Ver-[22/198]-brechenstitel der Ket-
zerei — dazwischen der Scheiterhaufen und die Ketzerinquisition[1], welche die Kirche als ihre heiligste
Pflicht, als Forderung christlicher Nächstenliebe betrachtete und welche die denkende Vernunft als ein
Verbrechen gegen die Menschheit verwirft. Mit der
Reformation ist der Ausgangspunkt gesetzt für die
Würdigung des politischen Verbrechens in neuerer
Zeit.

Der Conflikt zwischen freiem Glauben an das religiöse Gewissensrecht des Einzelnen und dem

---

[1] *Unter Papst Innozenz III. (1161–1216) wurden Inquisitionspro-
zesse eingeführt, die sich vor allem gegen Ketzer richteten, welche von den kirchlichen Lehren abgewichen waren oder dessen
verdächtigt wurden. Die Inquisition bestand bis in das 18. Jahrhundert hinein.*

Zwangsglauben der Kirche säcularisirt[1] sich all-mählich. Er verpflanzt sich auf das staatliche Gebiet. Hier erscheint er als gesetzwidrige That, hervorge-wachsen aus dem Glauben an das natürliche oder an-geborene Freiheitsrecht des Einzelnen und gerichtet gegen die Ueberlieferung einer absoluten Staatsmacht, die jede Auflehnung gegen ihr ebenfalls fest geglaubtes Machtrecht als Rebellion gegen die göttliche Ordnung der Obrigkeit verdammt.

Die strafrechtlichen Anschauungen der absoluten Monarchie gegenüber ihren Widersachern und den Verkündern der politischen Freiheit können grund-sätzlich nicht verschieden sein von den strafrechtli-chen Anschauungen oder von der Denkweise des schrankenlos gebliebenen Pabstthurns gegenüber den Aposteln der Religionsfreiheit.

Für beide Machtkreise ergiebt sich die Forderung schonungsloser Vernichtung des kirchlichen oder poli-tischen Gegners.

Die Ketzerinquisition der Kirche bedeutete Stand-recht[2] gegen die Rebellen des Glaubens, die stand-rechtliche Behandlung politischer Widersacher bedeu-

[1] *verweltlicht.*

[2] *Unter Standrecht können militärische Standgerichte in einem "kurzen Prozeß" Angeklagte aburteilen.*

tete staatliche Ketzerinquisition gegen den Frevel[1] an der von Gott verordneten Obrigkeit.

Weil es Naturgesetze giebt, giebt es auch unvermeidliche Consequenzen aller Unnatur[2]. Aus der Unnatur aller Despotie entstehen mit geschichtlicher Unvermeidlichkeit jene scheußlichen Ausgeburten der Willkür welche der Römische Cäsarismus[3] zuerst [23/199] unter dem Titel des Majestätsverbrechens zeitigte[4], und die Folgezeit dann unter der Herrschaft gewissenloser, vermutheter oder fromm gläubiger Despoten bis zum Zeitalter der französischen Revolution wiederholt hat.

Dieser Ideenkreis, der seit dem XVI. Jahrhundert, die absolute Gewalt in Staat und Kirche umschließt, bildet seine Peripherie[5] aus dem Satz, daß alle Missethaten gekrönter Mörder, wie Richard III. von Eng-

---

[1] *etwas Verwerfliches, ein Sakrileg.*

[2] *etwas Unnatürliches, Unnatürlichkeit, hier im Sinne von etwas, das sich gegen die Natur richtet.*

[3] *Als Cäsarismus wird in der Zeit eine Gesellschafts- und Regierungsform bezeichnet, die im Wesentlichen auf der Herrschaft einer charismatischen Einzelperson (namensgebend ist dabei Julius Caesar) ohne dynastischen Hintergrund oder verfassungsmäßige Einsetzung beruht. Diese Person stützt sich auf die Volksmassen und das Militär.*

[4] *hervorbrachte.*

[5] *seinen Randbereich.*

Franz von Holtzendorff

land[1], Alexander Borgia[2], des Papstes, seines Sohnes Cäsar Borgia[3] und Philipp II.[4] aus politischen Gründen des Monarchismus straflos durch unverantwortliche Staatsmacht verübt worden, alle politischen Angriffe auf den Absolutismus der königlichen oder päbstlichen Gewalt als Verbrechen mit schwererer Strafe zu sühnen sind, als Mord und Fälschung, vor allen Dingen aber keinen Anspruch haben auf die Garantieen einer unabhängigen und unparteiischen Rechtspflege.

Diese Gedankenreihe wird aber seit dem XVII. Jahrhundert dadurch einigermaßen in Unordnung ge-

---

[1] *Richard III. (1452-1485) war von 1483 bis zu seinem Tod in der Schlacht von Bosworth König von England. Er war der letzte englische Herrscher aus dem Hause Plantagenet, womit die Epoche der Rosenkriege (1455-1485) zuendeging.*

[2] *Alexander VI. (bürgerlich: Roderic Llançol i de Borja, 1431-1503) war von 1492 bis 1503 Papst.*

[3] *Cesare Borgia (* 1475 oder 1476 bis 1507) war 1. Herzog von Valentinois (als solcher il Valentino genannt) und der Romagna, Feldherr, Kardinal und Erzbischof. Er war ein unehelicher Sohn von Papst Alexander VI. mit einer seiner Geliebten. Cesare Borgia diente Niccolò Machiavelli als Vorbild für sein Buch „Il Principe" (Der Fürst).*

[4] *Philipp II. (1527-1598) war als Sohn von Karl V. (Karl I. von Spanien) und Isabella von Portugal ab 1556 König von Spanien und dessen Kolonien, der Niederlande, von Burgund und König von Sizilien und Neapel, König von Sardinien und Herzog von Mailand, ab 1580 auch König von Portugal. Philipp II. bekämpfte den Protestantismus in den von ihm regierten Ländern.*

bracht, daß absolute Monarchen, die das Richtbeil[1]
gegen ihre eignen politischen Gegner brauchen, Kir-
chenflüchtige und Ketzer aus anderen Ländern, zumal
nach der Aufhebung des Edicts von Nantes[2] bei sich
aufnahmen, womit die Antithese[3] geliefert wird zu der
mittelalterlichem noch gegen Heinrich IV. von Frankreich[4] geübten Kirchenpraxis, wonach zum größerem
Ruhme Gottes und der Kirche Unterthanen aufgeru-
fen wurden, ihrem im Kirchenbann[5] stehenden Lan-
desherrn den Gehorsam zu versagen oder Widerstand
entgegenzusetzen.

---

[1] *schweres, zweihändig zu handhabendes Beil, mit dem vor allem in Preußen die Todesstrafe ausgeführt wurde.*

[2] *Nach dem Edikt von Nantes waren den Calvinisten ab 1598 in
Frankreich Religionsfreiheit und die Bürgerrechte zugesichert
worden. 1685 wurde dies von König Ludwig XIV. von Frankreich
mit dem Edikt von Fontainebleau widerrufen. Daraufhin mußten
die Calvinisten (Hugenotten) fliehen und wurden vor allem in
England, den Niederlanden, der Schweiz und verschiedenen
deutschen Staaten aufgenommen.*

[3] *Gegensatz.*

[4] *Heinrich IV. (1553-1610) war seit 1572 König von Navarra und
von 1589 bis zu seiner Ermordung 1610 König von Frankreich.
Ursprünglich war er Hugenotte, trat dann aber zum Katholizismus über. Er erließ das Edikt von Nantes, das den Calvinisten
(Hugenotten) Religionsfreiheit und die Bürgerrechte zusicherte.*

[5] *Durch ein Anathema oder einen Kirchenbann wird jemand aus
der Gemeinschaft der katholischen Kirche ausgeschlossen.*

## Franz von Holtzendorff

Diese Auflehnung gegen fürstlichen Machtmißbrauch und königliche Willkür, den die mittelalterliche
Kirche gegen ketzerische Monarchen geboten hatte,
sanktionirte[1] das freigewordene Ge-[24/200]-wissen zuerst in den Niederlanden und in England gegen eid-
brüchige und verfassungsverletzende Obrigkeiten.

Damit war der m o d e r n e Begriff des politischen
Verbrechens gegeben. Seine territoriale Basis fand er
vornehmlich in der eigenartigen politischen Stellung
der Holländischen Generalstaaten[2] gegenüber den
großen Europäischen Monarchieen, insbesondere gegenüber der Spanischen Gewaltherrschaft[3], der das
Henkerbeil und der Dolch des Banditen legitime Mittel waren, um die Begründer der niederländischen Republik zu vernichten[4]; gegenüber der englischen Mo-

---

[1] *guthieß, für rechtens erklärte.*

[2] *Die Generalstaaten (niederländisch: Staten-Generaal) waren
eine Versammlung der "Allgemeinen Stände". Mit der Loslösung
der Niederlande vom Reich der Habsburger entwickelten sie sich
zum heutigen Parlament. Der Name wurde daneben, wie hier
auch von Franz von Holtzendorff, als Bezeichnung für das Land
verwendet: die Republik der Sieben Vereinigten Provinzen.*

[3] *Im Verlauf des Achtzigjährigen Krieges (1568-1648) zwischen
den Spaniern und den Niederländern gründeten die Provinzen
1579 die Utrechter Union, die gegen König Philipp II. gerichtet
war. Im Jahr 1581 sagten sich die nördlichen Niederlande im
„Plakkaat van Verlatinghe" vom spanischen Monarchen los, was
die Geburtsstunde der Vereinigten Niederlande war.*

[4] *Für Deutsche wohl am bekanntesten: Graf Lamoral von Eg-*

# Die Auslieferung der Verbrecher und das Asylrecht

narchie, in der unter den Stuarts[1] der Kampf zwischen
dem göttlich geglaubten Rechte des Absolutismus und
dem ebenso göttlich geglaubten Rechte der Independenten[2] mit wechselnden Erfolge geführt wurde; gegenüber dem vergoldeten Schmutz und der unzüchti-
gen Bigotterie der Bourbonen[3], die das freie Wort und
die politische Meinungsäußerung in der Bastille[4] er-
sticken ließen.

---

mond (1522-1568), ein niederländischer Freiheitskämpfer gegen
die Spanier, der von diesen hingerichtet wurde. Als "Egmont" ist
er eine Hauptfigur des gleichnamigen Dramas von Goethe.

[1] Die Stuarts stellten ab 1371 die Könige von Schottland und von
1603 bis 1714 mit Unterbrechungen auch die Könige von England. Im englischen Bürgerkrieg wurde König Karl I. von den
Truppen des Parlaments besiegt und auf Betreiben Oliver
Cromwells 1649 nach einem Hochverratsprozess enthauptet.
1660 kehrte Karl II. aus dem Exil zurück. Sein Nachfolger Jakob
II. wurde in der Glorreichen Revolution 1688 gestürzt und ging
nach Frankreich ins Exil.

[2] Die Independenten waren eine calvinistisch ausgerichtete Richtung des Protestantismus, im Gegensatz sowohl zur anglikani-
schen als auch zur katholischen Kirche. Während des englischen
Bürgerkriegs gewannen sie unter Oliver Cromwell zeitweise die
Oberhand.

[3] Die Bourbonen waren das französische Herrscherhaus bis zur
Französischen Revolution von 1789. Gemeint ist hier vor allem
Ludwig XVI. (1754-1793) und sein opulenter Hofstaat in Ver-
sailles.

[4] Die Bastille war ursprünglich ein befestigte Stadttorburg in
Paris, die später als Staatsgefängnis genutzt wurde. In ihren

# Franz von Holtzendorff

Die holländische Republik, deren herrschende Parteien übrigens gegen ihre inneren Feinde sich wenig schonend, zuweilen grausam zeigten, hat im XVII. Jahrhundert als Asyl politischer Verbrecher und Verfolgter für die Ausbreitung freiheitlicher Ideen in Europa ebenso viel gethan, wie England im XIX. Jahrhundert.

Wie wenig befestigt aber selbst in diesem damals freiesten Staatswesen die Grundbegriffe über das Wesen des politischen Verbrechens waren, wie bald die Niederlande den Ueberlieferungen ihres eigenen Ursprungs untreu wurden, beweist der zwischen ihnen und König Karl II. von England[1] im Jahre 1662 abgeschlossenen Vertrag, wodurch sie sich verpflichteten, die sogenannten „Königsmörder" auszuliefern. Ein gleiches Zugeständniß hatte England zwei Jahre vorher von Dänemark erhalten. Andererseits hatte Heinrich IV. von Frankreich[2] der [25/201] Königin Elisabeth[1]

---

*Kerkern wurde etwa Voltaire zeitweise eingesperrt. Mit dem "Sturm auf die Bastille" am 14. Juli 1789 wird der Beginn der Französischen Revolution verbunden.*

[1] *Karl II. (1630-1685) war ab 1660 König von England, Schottland und Irland.*

[2] *Heinrich IV. (1553-1610) war seit 1572 König von Navarra und von 1589 bis zu seiner Ermordung 1610 König von Frankreich. Ursprünglich war er Hugenotte, trat dann aber zum Katholizismus über. Er erließ das Edikt von Nantes, das den Calvinisten (Hugenotten) Religionsfreiheit und die Bürgerrechte zusicherte.*

die Auslieferung Morgan's[2], der des Hochverraths beschuldigt war, rundweg abgeschlagen.

Die Vergleichung verschiedener, dem XVI. Jahrhundert angehöriger Auslieferungsfälle führt zu dem Ergebniß, daß Staatsnutzen und politischer Vortheil in jedem einzelnen Falle den Ausschlag geben.

Sonst ließe es sich nicht erklären, weswegen die französische Regierung, die sich der fürstlichen Absolutie bereits annäherte[3] ausländische Hochverräther gelegentlich beschützte, während die holländische Republik diejenigen an England auszuliefern bereit war, die eine freie Staatsverfassung durch Niederwerfung Karls I.[4] erstrebt hatten.

---

[1] *Elisabeth I. (1533-1603), Königin von England und Irland.*

[2] *Thomas Morgan of Llantarnam (1546-1606) war ein Vertrauter und Spion von Maria Stuart, Königin von Schottland, und in den "Babington Plot" verwickelt, bei dem Königin Elisabeth I. von England ermordet werden sollte. Er flüchtete nach Frankreich, wo er in der Bastille inhaftiert, aber nicht an England ausgeliefert wurde. Auf Einwirken des Papstes wurde er freigelassen und lebte bis zu seinem Tod in Amiens.*

[3] *Als Höhepunkt des Absolutismus wird üblicherweise die Herrschaft König Ludwigs XIV. von Frankreich (1638-1715), des "Sonnenkönigs", angesehen.*

[4] *Karl I. (1600-1649) war König von England, Schottland und Irland. Seine absolutistische Politik löste den englischen Bürgerkrieg aus, der zu Karls Hinrichtung führte.*

# Franz von Holtzendorff

Bis an die Grenzscheide unseres Jahrhunderts beanspruchte England seinerseits die Auslieferung politischer Verbrecher.

Ehemals allgemein bekannt, gegenwärtig ziemlich vergessen, ist ein Ereigniß aus dem Jahre 1798. England forderte durch seinen Gesandten von der Stadt Hamburg[1] die Auslieferung von vier, im irischen Aufstande[2] compromittirten Irländern, von denen zwei, Namens Napper Tandy[3] und Blackwell[4] das französische Bürgerrecht durch Naturalisation erworben hatten[5]. Frankreich verlangte dagegen von Hamburg die Freilassung jener beiden naturalisirten

---

[1] Ab 1769 war Hamburg freie Reichsstadt, d. h. unmittelbar dem Deutschen Kaiser unterstellt und damit im Wesentlichen souverän.

[2] Der irische Aufstand war eine mehrmonatige Rebellion im Jahre 1798 gegen die britische Herrschaft, die auch von französischen Soldaten unterstützt, aber von den Briten niedergeschlagen wurde.

[3] James Napper Tandy (1740-1803) war ein irischer Politiker und Revolutionär.

[4] James Bartholomew Blackwell (1763 geboren, Todesdatum unbekannt) war ein irischer Söldner und französischer Offizier.

[5] Die französische Regierung ehrte Ausländer in vielen Fällen durch eine Einbürgerung, so etwa auch Thomas Paine, George Washington, Alexander Hamilton, James Madison, Jeremy Bentham, William Wilberforce, Friedrich Gottlob Klopstock oder Friedrich Schiller.

# Die Auslieferung der Verbrecher und das Asylrecht

Flüchtlinge. Von Preußen im Stich gelassen, fügte sich Hamburg russischen Drohungen und gab dem Englischen Auslieferungsantrage statt, worauf das Direktorium[1] in Paris durch einen Befehl vom 9. Oktober 1799 sämmtliche Hamburgische Handelsagenten aus dem französischen Staatsgebiete auswies und sämmtliche in französischen Häfen befindlichen, unter Hamburgischer Flagge fahrenden Schiffe mit E m b a r g o[2] belegte.

Der Hamburger Senat, der ein Entschuldigungsschreiben nach Paris gerichtet hatte, erhielt folgende Antwort:

[26/202] „Euer Schreiben kann Euer Verfahren nicht rechtfertigen. Tugend und Muth sind die Stärke der Staaten. Kriecherei und Gemeinheit sind ihr Untergang. Ihr habt die Gesetze der Gastfreundschaft auf eine Weise verletzt, vor welcher die wandernden Nomadenstämme der Wüste erröthen würden."

---

[1] *Das Direktorium war vom 26. Oktober 1795 bis zum 24. Dezember 1799 die Regierungsform der Französischen Republik. Die Staatsgewalt lag in den Händen eines fünfköpfigen Kollegialorgan. Es ersetzte die Herrschaft des Nationalkonvents nach dem Sturz von Maximilien de Robespierre.*

[2] *Unterbindung des Handels mit diesen Schiffen und allgemein mit dem betreffenden Staat.*

## Franz von Holtzendorff

Urheber dieser poetisch angehauchten Depesche war Napoleon Bonaparte[1], der damals mit Respekt vor den Arabern der Wüste erfüllt zu sein schien, vielleicht auch seinerseits die Fähigkeit zu erröthen noch besaß, die er später eingebüßt hatte, als er den Herzog von Enghien[2] im Auslande ergreifen und erschießen ließ,

---

[1] *Napoleon Bonaparte (1769-1821) war zu jener Zeit französischer General. Weil er noch nicht 40 Jahre alt war, konnte er nicht Mitglied im Direktorium werden. Kurz darauf putschte er am 9. November 1799 (18. Brumaire VIII).*

[2] *Louis Antoine Henri de Bourbon-Condé, Herzog von Enghien (1772-1804) war ein französischer Herzog aus dem Adelsgeschlecht der Condé. Nach einem gegen ihn geplanten Komplott ließ Napoléon Bonaparte den Herzog 1803 aus Ettenheim im Kurfürstentum Baden verschleppen und nach einem Scheinprozess als „Emigrant, der vom Ausland bezahlt wird, um eine Invasion Frankreichs zu erleichtern", erschießen.*

# Die Auslieferung der Verbrecher und das Asylrecht

Hofer[1] und Palm[2] ums Leben brachte oder die Auslieferung des Freiherrn von Stein[3] betrieb.

Napoleon redete damals noch die Sprache der französischen Revolution, deren Ereignisse der Achtung vor dem Asylrecht förderlich waren. Man fing an

---

[1] *Andreas Hofer (1767-1810) war der Anführer der Tiroler Aufstandsbewegung von 1809. Er wurde verraten und am 28. Januar 1810 gefangen genommen. Der französische Vizekönig von Italien, Eugène Beauharnais, wollte sein Leben schonen, aber Kaiser Napoleon ordnete die unverzügliche Aburteilung und Exekution Hofers an, die dann auch erfolgte.*

[2] *Johann Philipp Palm (1766-1806) war ein Nürnberger Buchhändler, der ein gegen Napoleon gerichtetes Pamphlet ("Deutschland in seiner tiefen Erniedrigung") veröffentlichte und dafür auf Befehl von Napoleon zum Tode verurteilt und hingerichtet wurde.*

[3] *Heinrich Friedrich Karl Reichsfreiherr vom und zum Stein wurde 1757 in Nassau geboren und starb 1831 in Cappenberg in Westfalen. Er war preußischer Wirtschafts- und Finanzminister. Nach den Niederlagen Preußens 1806 gegen Frankreich bei Jena und Auerstedt leitete er zusammen mit Karl August Freiherr von Hardenberg ein Reformprogramm ein, mit dem die Rückständigkeit des Landes überwunden werden sollte. Wichtige Punkte waren dabei die Abschaffung der Leibeigenschaft, Gewerbefreiheit und innere Freizügigkeit. Als Inspiration dienten dabei Adam Smith und die Umwälzungen in Frankreich. Auf Druck von Napoleon mußte Freiherr vom Stein ins Exil gehen und wurde ab 1812 Berater des Zaren. Während der Befreiungskriege war er dann Leiter der Zentralverwaltungsbehörde, die die von Napoleon zurückeroberten Gebiete administrierte. Mit dem Wiener Kongreß verlor er an Bedeutung und trat er in der Hintergrund.*

zu begreifen, daß es nicht nur die Freunde der Volksfreiheit waren, die aus ausländischen Zufluchtsstätten Nutzen zogen, sondern auch die Opfer der Volksleidenschaften. Als N a p o l e o n den kaiserlichen Purpurmantel[1] um seine Schultern hängte, wendeten sich die Sympathien Europas in höherem Maße den französischen E m i g r a n t e n f a m i l i e n[2] zu, die im Exil dem entthronten Herrscherhause[3] die Treue bewahrten.

Für die Verallgemeinerung der Idee, daß politisch Verfolgten ein Asyl gebühre, wirkten sodann nach dem Falle Napoleons vornehmlich die Niederwerfung der freiheitlichen Bewegungen in Spanien[4] und Italien[5], die selbstsüchtige Interventionspolitik der h e i l i g e n Allianz[6], die kleinliche Verfolgung der sogenannten

---

[1] *Purpur war im Altertum für die Togen der Senatoren, später der Kaiser vorbehalten. Napoleon Bonaparte krönte sich am 2. Dezember 1804 zum Kaiser von Frankreich.*

[2] *Hauptsächlich Adelige, deren Privilegien durch die revolutionäre Regierung beseitigt worden waren.*

[3] *den Bourbonen.*

[4] *Gemeint sind die Carlistenkriege von 1833 bis 1876. In diesen standen sich Liberale und die traditionalistischen Carlisten gegenüber.*

[5] *Die italienische Unabhängigkeitsbewegung besonders in den 1860er Jahren und die Einigungskriege (1848-1849, 1859, 1866).*

[6] *Die Heilige Allianz war das am 26. September 1815 abge-*

# Die Auslieferung der Verbrecher und das Asylrecht

Demagogen in Deutschland[1]. Es war ein großer Theil der besten und edelsten Männer Europas, der in dem Zeitraum von 1820 bis 1860 in der Verbannung herumirrte, oder in [27/203] Kerkern schmachtete[2], oder von der politischen Polizei von Ort zu Ort gehetzt wurden.

Von besonders großem Einfluß für die Verbreitung freisinniger[3] Anschauungen ward auch die Juli-Revolution[4] und die Unabhängigkeits-Erklärung

---

schlossene Bündnis von Rußland, Österreich und Preußen nach dem Sieg über Napoléon Bonaparte, dem 1818 auch Frankreich beitrat. Ziel war die Restauration der vorrevolutionären Ordnung und die Unterdrückung oppositioneller Bewegungen.

[1] Oppositionelle Bewegungen wurden in der vormärzlichen Zeit als "Demagogen" bezeichnet und von den herrschenden Mächten in zwei Wellen verfolgt, einer in den 1820er und einer weiteren in den 1830er Jahren.

[2] Hunger und Durst litt.

[3] deutsche Entsprechung von: liberal, meist im Sinne eines besonders konsequenten Liberalismus.

[4] [Anmerkung 2 (im Text nicht eingefügt, aber inhaltlich wohl hierhin gehörend):] Als eigentlicher Anfangspunkt der continentalen Praxis der Nichtauslieferung, sehen mehrere Schriftsteller die Juli-Revolution an. So Rénault, des crimes politiques en matière d'extradition, Paris, 1880. Seite 6. Derselbe Schriftsteller erwähnt, daß ein zwischen Frankreich und der Schweiz 1828 vereinbarter Auslieferungsvertrag die Staatsverbrechen noch in sich begriff zum Erweise seiner Behauptung.

## Franz von Holtzendorff

Belgiens[1]. Geographische Lage und Entwickelung der
Verkehrsmittel erhoben Belgien zum Range eines der
Europäischen Freiheitsentwickelung besonders dienli-
chen Asylstaates, der, gleicherweise wie die Schweiz
zahlreiche Flüchtlinge bei sich beherbergte oder nach
England durchgehen ließ. Um der belgischen Regierung einen Rückhalt zu gewähren gegen die Zu-
muthungen mächtiger Nachbarstaaten und das Miß-
vergnügen despotisch gearteter Staatswesen, war es
eine weise Maßnahme, daß die Bedingungen, unter
denen Auslieferungen an das Ausland gewährt werden
durften, nicht in das Ermessen der Administrativbe-
hörden gestellt, sondern durch Gesetz in allen Einzelheiten bestimmt wurden.

Die Belgische Verfassung[2] verordnet in ihrem 128. Artikel: daß jeder Fremde, auf Belgischem
Staatsgebiet für seine Person und sein Eigenthum vor-
behaltlich besonderer, durch Gesetz vorgeschriebener
Ausnahmen, des Rechtsschutzes theilhaftig sein soll
und das erste der in Belgien 1833 ergangenen Auslie-
ferungsgesetze schreibt für den Abschluß der Auslieferungsverträge eine feste Richtschnur vor.

In Artikel 6 dieses Gesetzes heißt es:

---

[1] *Nach der Septemberrevolution 1830 wurde am 4. Oktober
1830 die Unabhängigkeit Belgiens ausgerufen.*

[2] *Die Verfassung des Königreichs Belgien wurde am 7. Februar
1831 verabschiedet und gilt mit Änderungen bis heute.*

# Die Auslieferung der Verbrecher und das Asylrecht

„Es muß in den Auslieferungsverträgen ausdrücklich stipulirt[1] werden, daß kein Fremder im Auslande wegen irgend eines vor der Auslieferung begangenen politischen Vergehens bestraft werden darf, noch auch wegen irgend einer Handlung, die mit einem politischen Vergehen zusammenhängt, noch auch wegen irgend eines Verbrechens oder Vergehens, das im gegenwärtigen Gesetz nicht be- [28/204]-sonders nahmhaft gemacht ist; anderenfalls ist jede Auslieferung durch die Regierung untersagt."

In gleichem Sinne ist das als nahezu mustergültig zu erachtende Auslieferungsgesetz vom 15. Juni 1874 abgefaßt, worin dreißig nicht politische Verbrechensfälle genau verzeichnet sind, auf deren Bestrafung sich der Abschluß von Auslieferungsverträgen richten darf.

Dieser gesetzlichen Basis entsprechend, sind bis zum 1. Januar 1880 von Belgien mit achtzehn, theils Europäischen, theils Außereuropäischen Ländern, Auslieferungsverträge abgeschlossen worden.

Für West-Europa war somit der Grundsatz der Nichtauslieferung politischer Verbrecher hinreichend gesichert, als die Erschütterungen des Jahres 1848[2]

---

[1] *festlegen, festsetzen.*

[2] *Binnen kurzer Zeit kam es 1848 quer durch Europa zu Revolutionen: zuerst im Königreich beider Sizilien, dann in Frankreich, kurz darauf in den deutschen Staaten, Dänemark, Österreich,*

Franz von Holtzendorff

ausbrachen und die Fluchtwellen der Erhebung bis an die Grenzen Rußlands[1] und das Mündungsgebiet der Donau[2] sich ergossen.

Im Februar und März[3] flüchteten Fürsten und Minister, im Sommer und Herbst desselben Jahres die Volksmänner aus Baden, Prag, Wien und Neapel[4]. Ihnen folgten alle die Tausende, die im Laufe des Jahres 1849 in Süddeutschland, Ungarn, Italien, Oesterreich politisch Schiffbruch gelitten hatten.[5]

---

*Ungarn, Polen, den Donaufürstentümern, usw.*

[1] *Gemeint ist vor allem der Großpolnische Aufstand von 1848.*

[2] *Die Rumänische Revolution von 1848.*

[3] *Die Zeit, in der die meisten der Revolutionen ausbrachen (in Italien schon im Januar).*

[4] *Beim Struve-Putsch im September 1848 rief Gustav Struve in Baden eine deutsche Republik aus. Er wurde am 25. September verhaftet. Der Prager Pfingstaufstand dauerte vom 12. bis zum 17. Juni 1848 und wurde von österreichischen Truppen niedergeschlagen, ebenso wie der Wiener Oktoberaufstand, der mit der Hinrichtung der Anführer, wie Wenzel Messenhauser und Robert Blum, endete. Neapel lag im Königreich beider Sizilien, in dem es zur Sizilianischen Revolution gekommen war.*

[5] *In Süddeutschland wurden die Aufstände in der Pfalz und in Baden niedergeschlagen. Auch in den anderen Staaten wurde die Revolution unterdrückt, womit ihre prominenten Vertreter ins Exil gehen mußten.*

# Die Auslieferung der Verbrecher und das Asylrecht

Der Wechsel der menschlichen Schicksale ward jedoch nur zu schnell vergessen. Ueberall, vornehmlich aber in Italien und Oesterreich-Ungarn erhob die Rachsucht ihre Stimme gegen unterlegene Insurgenten[1] und Flüchtlinge.

Von Rußland nachdrücklich unterstützt, verlangte Oesterreich die Auslieferung seiner ungarischen Rebellen[2] durch die Türkei.

Damals schrieb Lord Palmerston[3] in einer Depesche[4] dem Englischen Gesandten in Oesterreich und St. Petersburg:

„Wenn es einen Grundsatz giebt, der mehr als irgend ein anderer, in neuerer Zeit von unabhängigen und civilisirten [29/205] Staaten, größeren so-

---

[1] *Aufständischen.*

[2] *Die ungarische Revolution von 1848/49 wurde bis Juli/August 1849 von österreichischen, kroatischen und russischen Truppen niedergeschlagen. Die letzten Truppen unter József Zachariasz Bem (1794-1850) flohen in die Türkei, wo ihr Anführer, 72 Offiziere und Generale sowie 6.000 ungarische und polnische Soldaten zum Islam übertraten. Bem trat in die türkische Armee ein, wurde aber auf Druck von Österreich und Ungarn nach Aleppo versetzt, wo er 1850 ein Pogrom gegen Christen niederschlug.*

[3] *Henry John Temple, 3. Viscount Palmerston (1784–1865) war ein britischer Politiker und 1855–1858 und 1859–1865 Premierminister.*

[4] *eine Eilnachricht, meist per Telegramm übermittelt.*

wohl als kleineren, befolgt worden ist, so ist es der, daß politische Verbrecher nicht ausgeliefert werden sollen. Die Gesetze der Gastfreundschaft, die Vorschriften der Humanität, die edlen Empfindungen der Menschlichkeit erheben dagegen Widerspruch und jede unabhängige Regierung, welche ungezwungen solche Personen ausliefert, würde allgemein und mit gutem Grunde gebrandmarkt und entehrt sein."

Dies war sicherlich die Denkweise aller Freisinnigen in Europa. Im Uebrigen aber erfuhr man, daß es civilisirte Despotien giebt und andrerseits auch despotisch regierte Länder, die gewöhnlich als uncivilisirt gelten, dennoch aber politisches Ehrgefühl in einzelnen Fällen bethätigen können.

Dies zeigte sich im Falle der Türkei, die von ihrer Civilisation nicht so viel Rühmens macht wie andere Länder, als sie das Asylrecht politischer Flüchtlinge nach dem Scheitern der ungarischen Erhebung, gegenüber ihren mächtigeren Nachbarstaaten[1] nachdrücklichst vertheidigt. Die Pforte[2] verweigerte der Oesterreichischen Regierung die 1849 von dieser begehrte Auslieferung Ungarischer Insurgenten[1], was um

---

[1] *Österreich und Rußland.*

[2] *Die „Hohe Pforte" war im engen Sinne die Bezeichnung für den Sultanspalast in Istanbul, im übertragenen Sinne für die Regierung des Osmanischen Reiches.*

so ehrenvoller war, als sie im Hinblick auf die ihr von anderer Seite[2] drohenden Gefahren der Oesterreichischen Freundschaft ein großes Gewicht beizumessen hatte.

Unzweifelhaft hat dies mannhafte und kräftige Auftreten den Türken damals einen großen Theil der Europäischen Sympathieen erworben, und in der öffentlichen Meinung jene Stimmung hervorgerufen, die der Türkei bei dem Ausbruch des Orientalischen Krieges 1854[3] Unterstützung gewährte. Auch heute sollte es nicht vergessen werden, daß es eine muhammedanische Regierung war, die verfolgte Christen gegen den Zorn einer christlichen Regierung in Schutz nahm.

[30/206] Andrerseits wird mit Rücksicht auf den von Lord Palmerston verfochtene Standpunkt auch niemand bestreiten, daß Deutschland und Preußen sehr hoch civilisirte Staaten waren, obwohl der Bundestag[4] und die beiden deutschen Großmächte[1] nach

---

[1] *Aufständischer.*

[2] *von Seiten Rußlands.*

[3] *Der Krimkrieg dauerte von 1853 bis 1856 und begann als der zehnte Russisch-Türkische Krieg. Auf Seiten der Türkei griffen Frankreich, Großbritannien und das Königreich Sardinien ein. Der Krieg endete mit einem Sieg der Alliierten über Rußland.*

[4] *Der Bundestag war das oberste Organ des Deutschen Bundes von 1815 bis 1848 und von 1850 bis 1866 mit Sitz in Frankfurt am Main im Palais Thurn und Taxis. Er war die einzige zentrale Institution, die für ganz Deutschland zuständig war.*

dem Jahre 1851 die Auslieferung politischer Verbrecher mit Vorliebe begehrten und gewährten.

Der deutsche Bund hatte schon vor 1848 bewiesen, daß er der Ergreifung von Dieben und Gaunern weniger Bedeutung beimaß, als der Verfolgung politisch verdächtiger Personen. Und Preußen hatte aus Gründen des Staatsvortheils die Auslieferung von Militärpflichtigen durch seine Cartell-Conventionen[2] der öffentlichen Meinung zuwider an Rußland zugestanden.

Aber selbst Frankreich hätte kaum Anspruch darauf gehabt, als civilisirter Staat in den Augen seines Englischen Gönners zu gelten; denn das Ministerium Molé[3] hatte 1839 die Entfernung von Louis Napoleon[4]

---

[1] *Preußen und Österreich.*

[2] *Es gab derartige Kartellkonventionen zwischen Preußen und Rußland beispielsweise 1831 und 1857.*

[3] *Louis-Mathieu, Comte Molé, (1781-1855), war ein französischer Politiker und von 1836 bis 1839 französischer Premier- und Außenminister.*

[4] *Napoleon III. (1808-1873) war von 1848 bis 1852 französischer Staatspräsident und von 1852 bis 1870 als Napoleon III. Kaiser von Frankreich. Mit seiner Mutter lebte er ab 1818 in Schloß Arenenberg auf der Schweizer Seite des Bodensees. Er diente in der Schweizer Armee und wurde als Ehrenbürger des Kantons Thurgau sogar Schweizer Staatsbürger. 1837 verlangte Frankreich seine Auslieferung, welche die Schweiz aber verweigerte. Frankreich mobilisierte sein Heer; ein Waffengang wurde allerdings abgewendet, als Napoleon ins Exil nach London ging.*

# Die Auslieferung der Verbrecher und das Asylrecht

der Schweizerischen Eidgenossenschaft[1] abzupressen versucht.

Was Deutschland anbelangt, so ist auch mit Beziehung auf das Auslieferungswesen die Herstellung unserer Reichseinheit unleugbar als ein Fortschritt deswegen zu erachten, weil durch die in Deutschland mächtigste Regierung ihre ehemals tief eingewurzelte Strenge gegen politische Flüchtlinge insoweit dem West-Europäischen Standpunkt aufgeopfert worden ist, als in den vom deutschen Reich abgeschlossenen Auslieferungsverträgen der Grundsatz der Nichtauslieferung politischer Verbrecher anerkannt worden ist.

Freilich besteht im Vergleich zu Belgien immer noch ein erheblicher Unterschied. Die deutschem Regierungen brauchen sich nicht herbeilassen, politische Flüchtlinge auszuliefern, aber sie sind, wenigstens in Ermangelung eines Auslieferungsvertrages auch nicht verhindert, eine Auslieferung aus Gefälligkeit im [31/207] einzelnen Falle zuzugestehen, während der belgischen Staatsregierung durch Gesetz ein für allemal eine Be-

---

[1] *Von 1798 bis 1803 war die Schweiz als einheitliche Helvetische Republik nach französischem Vorbild organisiert. Mit der Mediationsakte, unterzeichnet am 19. Februar 1803 in Paris, wurden die Kantone — dreizehn alte und sechs neue — und die Schweizer Eidgenossenschaft wiederhergestellt. Die namensgebende Vermittlung lag darin, den Streit zwischen Unitariern und Föderalisten zu entschärfen, wie er etwa beim „Stecklikrieg", einem föderalistischen Aufstand in der Innerschweiz, im Herbst 1802 zu Tage getreten war.*

schränkung auferlegt worden ist, die sie unter keinen
Umständen zuwiderhandeln kann, ohne sich der Ge-
setzesverletzung schuldig zu machen.

Die Gründe, weswegen die Auslieferung politischer Verbrecher verweigert wird, beruhen nicht
darauf, daß im Allgemeinen und schlechthin das Verbrechen gegen die staatliche Ordnung als milder erachtet werden müßte, als irgend ein gemeines Verbrechen.
Im Gegentheil ist zu allen Zeiten und bei allen Völkern der Landesverrath[1] gegenüber dem Auslande
als schnödeste[2] Missethat angesehen worden. Ent-
scheidend ist vielmehr, daß in weitaus den meisten
Fällen nicht der gelehrte Jurist und der Volksrichter,
sondern die Geschichte, als vollkommen unparteiische
Instanz der Beurtheilung erscheint. Jede Partei ist,
eben weil sie Partei, in der Behandlung politischer
Gegner befangen, zum Mißbrauch der Macht geneigt
und auch der Richter, der vom Staate berufen ist, die
gesetzlich hergebrachte Verfassung zu schützen, fühlt
sich oft genug, ohne es zu wissen, als Parteigänger der
Regierung und der öffentlichen Ordnung. Es ist bei-

---

[1] *Landesverrat begeht, wer ein Staatsgeheimnis einer fremden
Macht oder einem ihrer Mittelsmänner mitteilt oder sonst an
einen Unbefugten gelangen läßt oder öffentlich bekanntmacht,
um den betreffenden Staat zu benachteiligen oder eine fremde
Macht zu begünstigen, und dadurch die Gefahr eines schweren
Nachteils für die äußere Sicherheit des Staates herbeiführt.*

[2] *erbärmlichste, niederträchtigste.*

# Die Auslieferung der Verbrecher und das Asylrecht

nahe unvermeidlich, daß das politische Strafgesetz gelegentlich über die Linien der Gerechtigkeit hinaus-
geht; auch in freien Staaten ist das Gesetz ein Werk
der Majoritäten, also der Parteiregierungen. Dazu
kommt zweitens, daß das politische Strafgesetz weniger den Forderungen der Gerechtigkeit, als dem Bedürfniß der Sicherheit dienen soll. Gewisse Unternehmungen, die nach allgemeinen Grundsätzen noch
straflos gelassen werden, wo Diebstahl, Fälschung und
Betrug in Betracht kommen, werden für strafbar erklärt, wenn sie sich auf Hochverrath[1] beziehen. Dies
gilt beispielsweise von den sog. vorbereitenden
Handlungen oder vom Komplott. Fast überall
sind für die Beurtheilung politischer Verbrechen Aus-
[32/208]-nahmevorschriften gegeben, sei es, daß zur Zeit
des Belagerungszustandes[2] Militärgerichte in Wirksamkeit treten, sei es, daß die Mitwirkung der Geschworenen[3] beseitigt ist, wie bei der Aburtheilung des gegen

---

[1] *Hochverrat verübt, wer den inneren Bestand oder die verfassungsmäßige Ordnung eines Staates angreift. Beispiele wären
die Teilnahme an Kriegshandlungen gegen das eigene Land, der
Versuch eines Staatsstreichs oder der Versuch, das Staatsoberhaupt zu ermorden.*

[2] *Der Belagerungszustand war ein Ausnahmezustand, der in
Deutschland nur vom Kaiser verhängt werden konnte. Vor
Kriegsgerichten konnten verschiedene Verbrecher, wie Hoch-
und Landesverrat, Mord, Plünderungen und ähnliche Delikte in
verkürzten Verfahren abgeurteilt werden. Die Todesstrafe wurde binnen eines Tages vollzogen.*

[3] *Geschworenengerichte waren für viele Verbrechen vorgese-*

das deutsche Reich verübten Hochverrraths, sei es, daß Ausnahmegesetze erlassen werden, wie gegen die gemeingefährlichen Agitationen der deutschen Social-demokraten[1] oder der irischen Landliga[2]. Ein dritter Grund ist, daß Begriff und Inhalt vieler politischen Verbrechen nach Zeit und Raum wechselt.

Wie verschieden sind in den Gesetzen die Grenzen der freien Meinungsäußerung geregelt! Manche Ankla-ge, die vor deutschen Gerichtshöfen mit Verurtheilung wegen Beleidigung einer Behörde oder eines Beamten in Beziehung auf deren Beruf endigt, würde in Eng-land oder in Nordamerika unbegreiflich sein. Blicken wir nicht heute mit Erstaunen auf die in den dreißiger

---

hen, etwa bei Mord.

[1] Das "Gesetz gegen die gemeingefährlichen Bestrebungen der Sozialdemokratie" wurde am 19. Oktober 1878 vom Reichstag und am 21. Oktober vom Bundesrat verabschiedet. Es trat mit der Verkündung am 22. Oktober 1878 in Kraft. Das Sozialisten-gesetz lief 1890 aus, weil sich keine parlamentarische Mehrheit für eine Verlängerung mehr fand.

[2] Die "Irish Land League" wurde 1879 gegründet. Ihre Anhänger gingen auch mit Gewalt gegen Zwangsräumungen von irischen Pächtern vor oder versuchten, eine Reduzierung der Pacht zu erzwingen. Die Organisation wurde am 20. Oktober 1881 verbo-ten. Gegen ihrer Führer wurde unter anderem nach dem "Pro-tection of Person and Property Act" von 1881 vorgegangen. Im folgenden Jahr gründete sich als Nachfolgeorganisation die "Irish National Land League".

# Die Auslieferung der Verbrecher und das Asylrecht

Jahren gegen dreifarbige Studentenbänder[1] veranstalte-
te Parforce-Jagd[2]? Sehen wir nicht heute Männer, die
nach dem Scheitern unserer Einheitsbewegung 1849
oder 1850 zum Tode verurtheilt waren, oder doch in's
Exil flüchten mußten, theils zu hohen Staatsämtern
gelangt, theils mit Ordenssternen geschmückt?

Die Lehre, die wir aus der Vergangenheit ziehen
sollen, bestehe darin, daß wir uns nicht einbilden, die
Gesetzgebung sei über Irrthümer und Leidenschaften
erhaben und wir selbst seien gegen den Verfolgungsei-
fer erzürnter Gewalthaber oder Demagogen für alle
Zukunft gesichert. Zu allen Zeiten gab es glückliche
Staatsverbrecher, die wegen des Gelingens ihrer Pläne
mit Ehren überhäuft wurden, und unglückliche Patrio-
ten, die das Scheitern ihrer Unternehmungen unter
dem Henkerbeile oder im Zuchthause zu büßen hatten.

Den großen Gedanken, daß diejenigen, die für die
Sache der Freiheit ungerechter Weise bestraft werden,
denselben An-[33/209]-spruch auf die Dankbarkeit der
Nachwelt haben, wie diejenigen, die auf dem Schlachtfeld gefallen sind, bringt eine italienische Inschrift zum

---

[1] *Im Zuge der „Demagogenverfolgungen" wurden besonders
studentische Burschenschaften von der Obrigkeit ins Visier genommen.*

[2] *Bei einer Parforcejagd (par force = mit Gewalt) wird das Wild
von den berittenen Jägern mit einer Hundemeute gehetzt.*

## Franz von Holtzendorff

klarsten Ausdruck. Auf der Denksäule, welche auf der piazza dei martiri[1] in Neapel den Opfern der Einheitsbewegung[2] gewidmet ist, heißt es: „Dem gloriosen Andenken an die neapolitanischen Bürger, die durch ihren Tod auf dem Schlachtfeld oder am Galgen dem Volke die Freiheit errangen, durch feierliches und ewiges Gelöbniß das Plebiscit vom 21. Oktober 1860[3] zu verkünden."

In keinem unserer Zeitgenossen treten diese Wechselfälle des menschlichen Glückes, der Noth und des Elends, des Glanzes und Triumphes, des Gelingens und Scheiterns in so starker Beleuchtung hervor, wie in Garibaldi[4], der der Reihe nach alle Titulatu-

---

[1] *Platz der Märtyrer.*

[2] *Das „Risorgimento" war die Phase von 1815 bis zur endgültigen Einigung Italiens 1870. In diese Zeit fielen zahlreiche Aufstände, Revolutionen und Kriege.*

[3] *Nachdem Giuseppe Garibaldi mit seinem "Zug der Tausend" die Truppen des Königreichs beider Sizilien besiegt hatte, gab es am 21. Oktober 1860 eine Volksabstimmung, in der sich die Bevölkerung mit überwältigender Mehrheit für den Anschluß an das Königreich Sardinien-Piemont entschied. Wenige Tage später begrüßte Garibaldi, der bis vor kurzem als "Diktator" die Macht ausgeübt hatte, bei einem Treffen in Teano König Viktor Emanuel II. als "König von Italien". Im März 1861 wurde dann das Königreich Italien auch offiziell ausgerufen mit der Hauptstadt Turin (Rom gehörte noch bis 1870 zum Kirchenstaat).*

[4] *Giuseppe Garibaldi (1807-1882) war ein italienischer Guerillakämpfer und eine der führenden Persönlichkeiten des Risorgi-*

# Die Auslieferung der Verbrecher und das Asylrecht

ren[1] des Volksbefreiers, Heroen, Flibustiers[2], Räuberhauptmanns, Diktators, Hochverräthers, Abenteurers, Schwachkopfes, Freischärlers[3] und Generals über sich ergießen ließ, bald Armeen kommandirte, bald als Flüchtling herumirrte[4], bald als Gefangener in Banden lag, bald Könige in Schrecken setzte.

In der Nichtauslieferung politischer Verbrecher offenbart sich der Conflict zwischen der menschheitlich völkerrechtlichen Auffassung, wonach derjenige bemitleidet, geehrt oder geachtet wird, der sich im Widerspruch zu einem bestehenden Gesetze, dem Glauben an das höhere Zukunftsrecht seines Vaterlandes zum Opfer bringt und der staatsrechtlichen

---

mento. Er wurde auch „Held zweier Welten" genannt, was sich auf seine militärischen Leistungen auch in Südamerika (Brasilien, Uruguay) bezog.

[1] Rangbezeichnung, Aufzählung der Titel.

[2] Flibustiere waren im 17. und 18. Jahrhundert Kaperfahrer im Auftrag des französischen Staates, die vor allem in der Karibik operierten.

[3] Angehöriger einer „Freischar", eines irregulären Kampfverbandes.

[4] Nach Teilnahme an einem Aufstand 1834 in Piemont, mußte Garibaldi nach Südamerika fliehen. 1848 kehrte er zurück und befehligte die Armee der "Römischen Republik". Da diese niedergeschlagen wurde, floh Garibaldi nach Zwischenstationen in San Marino und Piemont in die USA. 1854 kehrte er nach Italien zurück.

Nothwendigkeit, jede jeweilig und thatsächlich bestehende Ordnung gegen Angriffe zu vertheidigen.

Jeder Kulturstaat, der das A s y l r e c h t achtet, duldet an auswärtigen Flüchtlingen und fremden Staatsverbrechern, was er in der Mehrzahl der Fälle an seinen eigenen Unterthanen mit Strafe ahnden würde.

[34/210] Ist dieser Zwiespalt ein unlösbarer? Läßt sich von der Zukunft keinerlei Ausgleichung hoffen?

Auf diese Frage dürfte sich in der Gegenwart schwerlich eine hinreichend bestimmte Antwort geben lassen.

Nicht zu bestreiten ist, daß die politischen Strafgesetze seit der Mitte unseres Jahrhunderts milder geworden sind. Die Französische Republik[1] schaffte die Todesstrafe für politische Verbrecher im Jahre 1848 ab. Und die Bestimmungen des Deutschen Strafgesetzbuchs können, soweit sie sich auf Hoch- und Landesverrath beziehen, keineswegs der Härte geziehen werden[2].

---

[1] *Die Zweite Französische Republik von 1848 bis 1852.*

[2] *In Deutschland steht in der Zeit nur auf Hochverrat im Fall des Mordes oder Mordversuchs gegen eine Staatsoberhaupt die Todesstrafe. Für alle anderen Formen von Hochverrat kann es höchstens eine lebenslängliche Freiheitsstrafe geben, bei mildernden Umständen eine Strafe von fünf bis fünfzehn Jahren. Auch für Landesverrat droht nur eine Freiheitsstrafe.*

# Die Auslieferung der Verbrecher und das Asylrecht

Andererseits bemerkt man, daß leidenschaftliche Erregung von Zeit zu Zeit die Uebung des Gesetzes aus dem eingedeichten Strombett hinausdrängt. Wo der Richter nach beendigtem Bürgerkriege dem ungeduldigen Zorn des Siegers keine Genugthuung bietet, greift man, wie nach der Niederwerfung der französischen Commune[1], zu summarischen Erschießungen durch Militairtribunale[2].

Könnte man doch mit Zuversicht behaupten, daß in neuester Zeit die Schroffheit der Parteigegensätze[3],

---

[1] *Die Pariser Kommune war der während des Deutsch-Französischen Krieges gebildete Pariser Stadtrat vom 18. März 1871 bis 28. Mai 1871, der Paris nach sozialistischen Vorstellungen verwalten wollte. Im Zuge der Kämpfe mit den Regierungstruppen brannten die Kommunarden verschiedene öffentliche Gebäude wie den Tuilerienpalast nieder. Außerdem wurden Geiseln erschossen.*

[2] *Während der "Blutigen Maiwoche" 1871 kam es zu Ausschreitungen von beiden Seiten. Von den Anhängern der Commune wurden "verdächtige Häuser" niedergebrannt, zudem öffentliche Gebäude wie etwa der Louvre, der Königliche Palast, das Rathaus, die Polizeipräfektur, der Rechnungshof, das Finanzministerium, mehrere Theater und der Tuilerienpalast. Außerdem kam es zu Geiselerschießungen (mehr als 70 Personen). Eine angedrohte Rache im Verhältnis von drei Geiseln für jeden getöteten Kommunarden kam nicht mehr zur Ausführung. Die Regierungstruppen revanchierten sich mit standrechtlichen Erschießungen (über 6.000 bestätigte Fälle, vermutlich mehr).*

[3] *Im Vorlauf zur Reichstagswahl 1881 wird die liberale Opposition von der Regierung und ihren Anhängern sehr bösartig attackiert, wobei auch der Antisemitismus als Mittel eingesetzt wird.*

die Unduldsamkeit auf dem Boden der religiösen Ueberzeugungen[1], der Haß zwischen den verschiedenen Gesellschaftsklassen[2] erheblich vermindert worden wäre!

Freilich giebt es in jenem Widerspruch zwischen der völkerrechtlichen und der strafrechtlichen Auffassung des politischen Verbrechens eine grundsätzliche Lösung. Aber diese wäre nur in der Rückkehr zu der antiken Anschauung zu finden, die in der Blüthezeit der römischen Republik[3] zur Geltung kam. Diese

---

[1] *Seit Mitte der 1870er Jahre gibt es eine erste Welle des Antisemitismus in Deutschland, die zunächst eher von Randgruppen kommt. 1878 schalten sich der Hofprediger Adolf Stöcker und der Historiker Heinrich von Treitschke mit ihrer Unterstützung für antisemitische Positionen in die Diskussion ein, was den Antisemitismus salonfähig macht. Je näher die Wahl 1881 rückt, bei der die Fortschrittspartei besonders in Berlin von den Regierungsfreunden zerschlagen werden soll, desto mehr wird auch die Hetze gegen die Juden als Mittel eingesetzt. (Zur zeitgenössischen Diskussion siehe etwa: Ludwig Bamberger: Deutschtum und Judentum, 1880, Neuausgabe bei Libera Media).*

[2] *Hiermit ist das Anwachsen der Sozialdemokratie gemeint, die seit der Wirtschaftskrise ab 1873 an Zulauf gewonnen hatte und 1878 mit dem Sozialistengesetz in die Illegalität gedrängt wurde. Allerdings gibt es auch Attacken von konservativer und antisemitischer Seite auf „Kapitalisten". Umgekehrt ist auch der Ton der Liberalen gegen zumeist konservative Junker recht scharf.*

[3] *Die Römische Republik begann mit dem Ende des römischen Königreichs (angeblich im Jahr 509 v. Chr.) und endete mit der Errichtung des Kaisertums 27 v. Chr. Ab Mitte des zweiten Jahrhunderts vor Christus geriet das Staatswesen in verschiedene*

## Die Auslieferung der Verbrecher und das Asylrecht

Lösung war: Die Anerkennung der Verbannung nicht nur als eines vom Asylstaat gewährten Staatsschutzes, das dem politischen Flüchtling gegenüber der Strafverfolgung durch den Heimathsstaaat eingeräumt wird, sondern auch als einer Strafe, die [35/211] dem politischen Verbrecher von seinem eigenen Lande auferlegt wird.

Die antike Idee, daß Verbannung eine für die schwersten Verbrechen ausreichende Strafe darstelle, beruhte jedoch auf der Rechtlosigkeit der Fremden und der Unmöglichkeit der politischen Wirksamkeit eines Vertriebenen, der von der Wahlstätte des Marktplatzes[1] oder aus der Volksversammlung verdrängt worden war.

Heute ist der erzwungene Aufenthalt in der Fremde, wie die Rückkehr der Flüchtlinge nach ergangener Amnestie darthut, für patriotische Charactere zwar auch ein schweres Leiden; aber er ermöglicht bei unseren heutigen Verkehrsmitteln, durch Benutzung der Post, der Telegraphie und der Presse eine Fortsetzung politischer Einwirkung auf die Heimath, so daß Verbannung als Strafe für schwere politische Verbrechen

---

Schwierigkeiten. Die Blütezeit wäre etwas davor anzusetzen.

[1] *Die Agora war im antiken Griechenland der zentrale Marktplatz einer Stadt, außerem der Ort für religiöse Feste sowie Gerichts- und Volksversammlungen. Damit war sie auch der Platz, an dem sich das politiscne Leben des Gemeinwesens (polis) abspielte.*

nur dann ausreichend erscheinen würde, wenn sie mit sicheren Bürgschaften gegen die Fortsetzung feindseliger Einwirkungen auf den Heimathsstaat verbunden werden könnte und wenn jeder Staat verbrecherische Angriffe auf befreundete Mächte mit hinreichender Strafe bedrohte.

Daß der Gegensatz zwischen politischen und gemeinen[1] Verbrechen in aller Zukunft derselbe bleiben wird, wie gegenwärtig, läßt sich mit völliger Zuversicht weder behaupten, noch auch bestreiten. Manche Anzeichen deuten darauf hin, daß die auf diese Motive bezüglichen Begriffe, statt sich zu verdichten, sich weiterhin verflüchtigen könnten.

Die Lehre, welche im Mittelalter, an den Tyrannenmord der antiken Welt anknüpfend[2], die Verdienstlichkeit oder Zulässigkeit der Tödtung ketzerischer Fürsten noch gegen Ende des XVI. Jahrhunderts verkündete[3], verschwand aus der rnoraltheologischen Li-

---

[1] „gemein" im Sinne von „allgemein", d. h. ohne eine besondere Kennzeichnung, wie bei den politischen oder Staatsverbrechen. Politische Verbrechen sind hingegen solche Verbrechen, die sich gegen den Staat und die Staatsordnung richten.

[2] Zu nennen wären hier etwa Thomas von Aquin, der in gewissen Fällen den Tyrannenmord rechtfertigte, Johannes von Salisbury und Jean Petit.

[3] Gemeint wären etwa die Monarchomachen (Monarchenbekämpfer, eine Bezeichnung ihrer Gegner) im 16. Jahrhundert, die als letztes Mittel des Widerstands auch den Tyrannenmord rechtfertigten. Zu ihnen zählten etwa: Francois Hotman, Théo-

## Die Auslieferung der Verbrecher und das Asylrecht

teratur und die Jesuiten[1] trachten darnach, den Vor-
[36/212]-wurf, daß sie den Königsmord gerechtfertigt
hätten, von sich abzulehnen.

Unleugbar wurzelte die allgemeine Sympathie mit
politischen Verbrechern die bis vor Kurzem in Italien
am stärksten hervortrat, in dem schroffen Gegensatze
zwischen freien Staaten und fürstlicher Absolutie.
Wenn auch nicht behauptet werden kann, daß mit dem
endgültigen Siege demokratischer Verfassungsprinzi-
pien die Bürgerkriege und folglich das politische Verbrechen aus der Welt verschwinden werden, vielmehr
die gegentheilige Schlußfolgerung ebenso zulässig erscheint, wofern man auf den großen amerikanischen
Bürgerkrieg[2] hinblickt, so läßt sich doch erwarten, daß
mit zunehmender Annäherung der repräsentativen
Monarchie an die repräsentative Republik die Verschiedenheiten in der Würdigung politischer Verbrechen vermindert werden müssen.

---

dore de Bèze, der pseudonyme „Stephanus Junius Brutus",
Philippe Duplessis-Mornay, Hubert Languet, Jean Boucher, Lam-
bertus Danaeus, George Buchanan, Juan de Mariana oder Johannes Althusius.

[1] Eine entsprechende Theorie wurde tatsächlich von dem Jesuiten Juan de Mariana, (1536-1624) vertreten, war aber keine
offizielle Doktrin der Jesuiten.

[2] Zu denken wäre hierbei natürlich vor allem an die Ermordung
von Abraham Lincoln im Jahre 1865.

## Franz von Holtzendorff

Endlich darf man nicht vergessen, daß Zweckbe-
stimmungen, Zielpunkte und Beweggründe politischer
Verbrecher gleichfalls dem historischen Wechsel un-
terliegen. Das organisirte revolutionäre Massenver-
brechen der Gegenwart[1] zeigt die Tendenz, sich mit
dem gemeinen Verbrechen zu vermischen, was namentlich da hervortritt, wo zum Zwecke der Bewaff-
nung gemeine Verbrecher aus den Strafanstalten be-
freit werden. Es war, moralisch genommen, etwas anderes, einen Gewalthaber anzugreifen, der im Vertrau-
en auf seine formale Unverantwortlichkeit als Herrscher persönlich oder durch Banditen das Leben seiner Unterthanen gefährdete, das Privateigenthum
durch willkürliche Konfiskationen zu seinem persönlichen Vortheil einzog oder gar die Geschlechtsehre der
Frauen bedrohte; etwas anderes, unter dem Vorwand
einer allgemeinen communistischen Theorie oder aus
dem Beweggrunde persönlichen Eigennutzes die
Grundlagen und das Dasein des Privateigenthums, des
Erwerbsrechtes oder der [37/213] Familie mit den Waf-
fen in der Hand zu bekämpfen und die Sicherheit aller
Rechtsgüter durch Verkündung eines revolutionären
Prinzips anzufechten.

Schwerlich wird es zukünftigen Geschlechtern ein-
leuchten, daß ein irischer Pächter, der hinter der Hek-

---

[1] *Hierbei sind wieder die Ausschreitungen der Pariser Commune
gemeint, weitere Verbrechen mit zahlreichen Opfern hatte es bis
dahin noch nicht gegeben.*

ke liegend, seinen Grundherrn niederschießt, weil er die bestehende Ackervertheilung als eine unbillige Verkürzung irischer Rechte betrachtet, als politischer Verbrecher anzusehen sei[1]. Auch hier zeigt sich der Gegensatz moderner Anschauung gegenüber der antiken Denkweise; aber von einer anderen Seite.

Wenn wir eine andre Anschauung von dem sittlichen Werthe des Tyrannenmordes zu unserm Vortheil errungen haben, so stand das Alterthum darin höher, daß man sicherlich catilinarische Verschwörer[2], die das Eigenthum der besitzenden Klasse in Rom bedrohten, niemals als „Sozialreformer" betrachtete, als welche die Fanatiker oder Spießgesellen der französischen Kommune gelegentlich von etlichen Schwärmern gefeiert werden.

# IV.

---

[1] *Der Land War (Cogadh na Talún) war eine Phase von Unruhen in Irland ab den 1870ern, bei der unter anderem auch Grundbesitzer von Pächtern gewaltsam angegriffen wurden, um etwa eine Senkung des Pacht durchzusetzen oder sich für Zwangsräumungen zu rächen.*

[2] *Lucius Sergius Catilina (um 108-62 v. Chr.) war ein römischer Politiker, der im Jahre 63 v. Chr. einen Umsturzversuch unternahm. Der Putsch scheiterte, Catilina wurde daraufhin zum Staatsfeind erklärt und starb in der Schlacht bei Pistoria. Berühmt sind die Reden von Marcus Tullius Cicero gegen Catilina.*

Wenden wir uns von der negativen Seite, das heißt von den Ausnahmefällen, in denen die Auslieferung nicht statthaft ist, zu der positiven Seite unserer Frage.

Wann verlangt die Billigkeit und das Rechtsinteresse der modernen Staaten, daß dem Auslieferungsbegehren einer fremden Macht entsprochen werde? Auf welche Verbrechen sollen sich die Auslieferungverträge erstrecken?

Die erste Bedingung ist, daß die Verbrechens-Handlung, [38/214] welche von einem fremden Rechtsflüchtigen gesühnt werden soll, nach zwei Richtungen hin als verbrecherisch erscheine, sowohl nach dem Gesetze desjenigen Staates, in dessen Gebiet eine Missethat verübt sein soll, als auch nach dem Gesetze desjenigen Landes, von welchem die Auslieferung begehrt wird. Denn nur unter dieser Voraussetzung doppelter Strafbarkeit besteht ein gemeinsames, also völkerrechtliches Interesse an der Bestrafung. In diesem Grundsatze liegt für jeden einzelnen Staat eine nützliche Mahnung zur strafgesetzgeberischen Sparsamkeit, ein Gegengewicht gegen den despotischen Eifer, der alle öffentlichen Mißstände, oder alle lasterhaften Angewohnheiten der Menschen durch Strafparagraphen aus dem Wege zu räumen sucht. Schmiedet eine Regierung, unbekümmert um die öffentliche Meinung der gebildeten Welt[1], nach Launen und Willkür Straf-

---

[1] *Ein Anlaß für die vorliegende Abhandlung könnte die aktuelle*

gesetzparagraphen, so muß sie wissen, daß sie auf die Unterstützung des Auslandes bei deren Anwendung nicht zu rechnen hat.

Im Großen und Ganzen besteht in der Würdigung dessen, was als gemeines Verbrechen bestraft werden soll, in der gebildeten Welt eine ziemlich weitgehende Uebereinstimmung der sittlichen Anschauungen. Aber man darf nicht glauben, daß diese Uebereinstimmung sich auch auf die Abstufung der Strafbarkeit oder die Feststellung der juristischen Begriffe erstreckte. Die Rangliste der Verbrechen ist in den einzelnen Strafgesetzgebungen eine sehr verschiedene, und auch im historischen Entwicklungsgange des Strafrechts stets eine sehr ungleiche gewesen.

Bleibt man bei diesem militärischen Bilde der Rangliste, so könnte man sagen, daß in gewissen Ländern und zu gewissen Zwecken bestimmte Verbrechen Generals-Rang nach ihrer Schwere einnehmen, die zu andern Zeiten und bei andern Völkern über die Stellung eines Unteroffiziers nicht hinauskamen.

---

*Diskussion zu jener Zeit in Deutschland sein über die von Bismarck verlangte Auslieferung der Sozialdemokraten, die nach Erlaß des Sozialistengesetzes 1878 in der Schweiz Zuflucht gefunden haben. Es stehen Drohungen eines militärischen Vorgehens gegen die Schweiz im Raum. Allerdings lassen sich die Schweizer davon nicht beeindrucken und beharren auf der Achtung des Asylrechts. Franz von Holtzendorff könnte hier mit den „Strafgesetzparagraphen" das Sozialistengesetz meinen, auch wenn der Bezug alles andere als eindeutig ist.*

Franz von Holtzendorff

Solche Unterscheidungen in der criminalistischen Rangstellung [39/215] sind nicht zu übersehen. Das Völkerrecht muß die Auslieferung in solchen Fällen mißbilligen, wo ein Rechtsflüchtiger im Zufluchtsstaate wegen der ihm zur Last gelegten Handlung zwar nicht straflos bleiben würde, aber nach der Gesetzgebung seines Heimathsstaates von einer unverhältnismäßig harten, oder grausamen Strafe bedroht wäre.

Unter dem Einfluß der christlichen Kirche waren Gotteslästerung und gewisse Unzuchtsfälle zu todeswürdigen Verbrechen erklärt worden.

Heute werden dieselben Vergehen in Deutschland mit so geringen Gefängnißstrafen belegt[1], daß sehr angesehene Theoretiker die Frage anregen durften, ob man in solchen Fällen nicht lieber gänzlich Straflosigkeit eintreten lassen sollte?

Angenommen, daß die Auslieferung eines Gotteslästerers unter solchen Umständen von einem Staate verlangt würde, der die Todesstrafe dafür beibehalten oder wiederum eingeführt hätte — wäre die Weigerung desjenigen Staates nicht gerechtfertigt, der für den gleichen Fall nur eine geringere Strafe verordnet hat? —

---

[1] *Das deutsche Reichsstrafgesetzbuch (§ 166) sieht in der Zeit eine Strafe von einem Tage bis zu drei Jahren Gefängnis vor für öffentlich beschimpfende Äußerungen, die gotteslästernd sind und dadurch ein Ärgernis hervorrufen.*

# Die Auslieferung der Verbrecher und das Asylrecht

Das Gleiche wäre zu sagen in Beziehung auf den Zweikampf[1], der den Tod eines Duellanten zur Folge hat. Da in England die Tödtung im Zweikampfe als gemeiner Todtschlag bestraft wird, könnte nach der milderen Auffassung des deutschen Rechts eine Auslieferung nicht zugestanden werden. Derjenige Fall, in welchem die Uebereinstimmung der sittlich-rechtlichen Auffassungen am stärksten hervortritt, ist das Verbrechen des M o r d e s.

Und dennoch bestehen gerade hier unter kulturverwandten Ländern sehr erhebliche Abweichungen in den juristischen Begriffen. Nicht einmal zwischen Oesterreich und Deutschland findet sich Gleichmäßigkeit der Gesetzesbestimmungen über Mord und Todtschlag[2]

---

[1] *Duelle kommen in der Zeit vor allem in adeligen Kreisen und bürgerlichen, die sich an diesen orientieren, vor. Weil sie als ehrenhaft eingeschätzt werden, gibt es nur geringe Strafen, wenn nicht gleich freigesprochen wird.*

[2] *Im österreichischen Recht gibt es das Kriterium der „allgemein begreiflichen heftigen Gemütsbewegung" für Totschlag. Im deutschen Recht der Zeit ist ein Totschlag eine vorsätzliche Tötung, die ohne Überlegung (im Gegensatz zum überlegten Mord) begangen wird. Mit den unterschiedlichen Auffassungen zu den Tötungsdelikten in verschiedenen Ländern befaßt sich Franz von Holtzendorff in seinen beiden Schriften von 1875: „Die Psychologie des Mordes" und „Das Verbrechen des Mordes und die Todesstrafe" (beide neu bei Libera Media).*

# Franz von Holtzendorff

[40/216] Was in England Mord genannt wird, fällt in Deutschland theils unter die wesentlich verschiedene Auffassung des Todtschlages[1], theils unter den Thatbestand der Körperverletzung mit tödtlichem Ausgange oder sogar der fahrlässigen Tödtung. Eine Kindesmörderin, die in Deutschland mit zwei Jahren Gefängniß bestraft werden kann, muß in England als gemeine Mörderin mit dem Galgen bestraft werden, was eine so starke Zumuthung an das Rechtsgefühl ist, daß sich selbst englische Geschworene fast niemals zu einen Schuldspruch bewegen lassen.[2]

Die gemeinsame von zwei unglücklich Liebenden beschlossene und an einem Theil mißlungene Tödtung wird an dem wider Willen überlebenden Thäter in

---

[1] *Wie Franz von Holtzendorff in einer Fußnote in seinem Buch „Die Psychologie des Mordes" von 1875 (Neuausgabe bei Libera Media) zum Begriff des „manslaughter" im englischen Recht erläutert: „Im englischen Recht werden alle Fälle vorsätzlicher Tödtung sogar einschließlich des Kindermordes und der vorsetzlichen Körperverletzung, welche den Tod zur Folge hatte, mit dem Tode bestraft. Ausgenommen ist nur der eine Fall, in welchem der Thäter durch Thätlichkeiten zum gerechten Zorn gereizt und zur That hingerissen wurde. Manslaughter bedeutet daher nicht, wie viele deutsche Rechtslehrer meinen, so viel wie Todtschlag in Deutschland, sondern meistentheils nur fahrlässige Tödtung."*

[2] [Anmerkung 3:] Nähere Ausführungen darüber sind in meiner Schrift „Das Verbrechen des Mordes und die Todesstrafe Berlin 1875. Insbesondere S. 234ff."

# Die Auslieferung der Verbrecher und das Asylrecht

Deutschland mit mindestens dreijährigem Gefängniß, in England mit dem Tode bestraft.

Das englische Recht bestraft sogar denjenigen, der einem guten Freunde die Pistolen zum geschlossenen Selbstmorde leiht, als Mörder, während in Deutschland dieser Akt gleichsam als Gefälligkeit völlig straflos bleibt.

Wie weit die Rechtsauffassungen sogar bei dem Verbrecher des Mordes auseinandergehen können, zeigt sich besonders deutlich in einem viel besprochenen Auslieferungsfalle der 1860[1] zwischen den

---

[1] *Die Darstellung von Franz von Holtzendorff ist nicht ganz korrekt. John Anderson war ein Sklave in den Südstaaten. Als er verkauft und damit von seiner Familie getrennt werden sollte, entschloß er sich, nach Kanada zu fliehen. Dort wollte er das Geld verdienen, mit dem er seine Familie freikaufen konnte. Auf der Flucht vor den Kopfgeldjägern, versuchte ihn der Famer Seneca Digges in Howard County (Missouri) zu fassen, wobei Anderson diesen nach seiner Darstellung "als Unfall" tötete. Die Flucht nach Kanada (Canada West) gelang 1854, wo Anderson bis 1860 unauffällig lebte. Die Vereinigten Staaten verlangten nun seine Auslieferung nach dem Webster-Ashburton Treaty von 1842, was auch von den kanadischen Gerichte für berechtigt angesehen wurde. Anderson wurde allerdings auch von britischen Organisationen gegen die Slaverei unterstützt, sodaß der Fall auch Aufsehen im Mutterland erregte. Das Gericht der Queen's Bench in London lud nun Anderson vor, was in Kanada als ein Übergriff empfunden wurde. Das britische Gericht spielte dann aber keine Rolle, weil die kanadischen Gerichte die Entscheidung wegen Formfehlern aufhoben. Um derartige Eingriffe zukünftig in den Kolonien zu unterbinden, wurde 1862 der Habeas Corpus Act durch das britische Parlament verabschiedet.*

# Franz von Holtzendorff

Vereinigten Staaten von Nordamerika und der canadischen Regierung schwebte.[1]

Ein südstaatlicher Sclave, Namens A n d e r s o n, war seinem Herrn entflohen, hatte seinen Verfolger, der ihn in die Sclaverei zurückbringen wollte, auf amerikanischem Boden getödtet und war dann über die canadische Grenze entkommen. A n d e r s o n war ein Mörder schlimmster Art nach dem Rechte südlicher Sclavenstaaten. Jeder nordamerikanische Bundesstaat hätte ihn ausliefern müssen. War er auch Mörder im Sinne derjenigen Staaten, die keine Sclaverei dulden und jeden Sclaven für frei erklären, der ihren Boden betritt? Oder handelte Anderson im [41/217] Zustande der Nothwehr, als er seine natürliche menschliche Freiheit im Augenblick höchster Gefahr gegen seine Peiniger vertheidigte? Der Gerichtshof der Q u e e n ' s B e n c h[2] in Canada hatte sich dahin entschieden, dem Auslieferungsgesuch der Unionsregierung statt zu geben, weil gesetzlich an dem Orte der Tödtung im Unionsgebiete fliehenden Sklaven kein Recht der Gegenwehr gegeben war. Der Gerichtshof der Q u e e n ' s B e n c h in London dagegen verordnete A n d e r s o n ' s Freilassung und wies den Auslieferungsantrag zurück.

---

[1] *Die kanadische Regierung delegierte die Entscheidung allerdings an die Gerichte und ließ auch zu, daß die Entscheidung beinahe von einem britischen Gericht an sich gezogen wurde.*

[2] *Der "Court of Queen's Bench" war das höchste Gericht im Mutterland, bzw. den Kolonien (und heute etwa den kanadischen Provinzen).*

## Die Auslieferung der Verbrecher und das Asylrecht

Welches sind nun die Verbrechensfälle, für welche Auslieferung vorgesehen ist?[1]

Die ältesten, gegen Ende des vorigen Jahrhunderts abgeschlossenen Auslieferungsverträge haben es nur mit sehr wenigen Verbrechensfällen zu thun. Ein amerikanischer Vertrag vom Jahre 1798 erwähnt nur den Mord.

Nach und nach sind die Titulaturen[2] der auslieferungspflichtigen Verbrechen erheblich gewachsen.

Um einen Maßstab für dieses Wachsthum zu gewinnen, ist es am Besten, die italienischen Auslieferungsverträge in's Auge zu fassen. Abgesehen von Belgien, ist kein Staat Europas in gleich eifriger Weise bemüht gewesen, die internationale Wirkung der Strafrechtspflege durch Vertragsschließung mit andern Mächten zu sichern.[3] Bis zum Jahre 1880 waren 27 Auslieferungsverträge durch das neue Königreich Italien[4] vereinbart worden. In demselben kommen mehr als sechszig Verbrechensnamen unter dem Ge-

---

[1] [Anmerkung 4:] Siehe über Anderson's Fall: W h e a t o n , Elements of international Law (ed. Dana) 186 n.

[2] *Rangbezeichnung, Aufzählung der Titel.*

[3] [Anmerkung 5:] Siehe darüber die Aufzählung bei P a s c a l e , Les estradizione dei delinquenti, Napoli 1880.

[4] *Am 17. März 1861 wurde der König von Sardinien Viktor Emanuel II. zum König von Italien ausgerufen.*

sichtspunkt der Auslieferungspflicht in Betracht. Zu etwa drei Viertheilen dieser Zahl ist die Auslieferung zwischen Italien einerseits und Deutschland, Oesterreich und Frankreich andererseits vereinbart. Nur in etwa vierzig Verbrechensfällen gewährt England, in 24 Fällen Nordamerika und [42/218] in 14 Fällen Uruguay die Auslieferung. Aehnliche Unterschiede finden sich in den Belgischen Auslieferungsverträgen[1].

Wie also die Zeit einen Einfluß ausübt auf die Bestrafung von Schuldigen, insofern als durch Verjährung in theils längeren, theils kürzeren Zeiträumen die Schuld getilgt wird, so verhält es sich auch in der wirklichen Strafpraxis mit den örtlichen Wirkungen der Entfernungen auf der Erdoberfläche. Je weiter ein Verbrecher sich von der Stätte seiner Schuld entfernt hat, desto größer wird die Schwierigkeit und der Kostenaufwand für seine Zurückführung, desto sorgfältiger die Erwägung der Verhältnisse zwischen dem Zweck der Bestrafung und den Mitteln des strafprozessualischen Aufwandes, desto angemessener das Bestreben, die Auslieferung nur in den schwersten und wichtigsten Verbrechensfällen zu verlangen und zu gewähren.

Jener Grundregel des Strafrechts, wonach ein todeswürdiges Verbrechen zu seiner Verjährung eine längere Zeitfrist verlangt, als ein minder schweres

---

[1] [Anmerkung 6:] M. Goddyn, u. Ed. Mahiels, le droit criminel Belge au point de vue international, Bruxelles 1880.

## Die Auslieferung der Verbrecher und das Asylrecht

Verbrechen, entspricht somit eine zweite Regel, daß in Gemäßheit der Schwere einer Missethat auch die örtliche Zone erweitert werden muß, innerhalb welcher der Flüchtling seine Auslieferung zu gewärtigen hat. Und das höchste Ziel in der menschheitlichen Entwickelung der Strafrechtspflege wäre in die Forderung einzukleiden, daß ein Mörder, um straflos zu bleiben, den Nordpol zu entdecken[1] und sein Geheimniß vor der Welt zu verbergen hätte!

Wenn diese Rücksicht auf dir allgemein menschliche Schwere der Verbrechen, bei dem Abschluß der Auslieferungsverträge unter den Leitmotiven der Regierungen den ersten Rang einnimmt, so braucht dieselbe darum noch nicht die allein maßgebende zu sein.

Eine sehr wichtige, bisher noch weniger beachtete und von der Psychologie zu beantwortende Frage ist nämlich diese:

[43/219] Von welchen Personen und in welchen Verbrechensfällen wird erfahrungsmäßig am häufigsten der Versuch gemacht, sich der Bestrafung durch Flucht zu entziehen?

---

[1] *Am 6. April 1909 erreichten die amerikanischen Forscher Robert Edwin Peary und Matthew Henson sowie die Eskimos Sigloo, Eghingwah, Ooqueah und Uutaaq erstmals den geographischen Nordpol.*

## Franz von Holtzendorff

Nach der herrschenden Meinung der Kriminalpolizei und der Staatsanwaltschaften erscheint fast jeder Mensch der Flucht verdächtig, der sich mit einer Kriminaluntersuchung in mittelschweren Fällen der Unterschlagung, des Betruges, der Körperverletzung bedroht sieht. Die praktische Folge dieser Meinung ist dann: schleunige Verhaftung und Einsperrung in ein Untersuchungsgefängniß! In Ermangelung einer guten Strafstatistik für das Deutsche Reich, deren Fehlen auf das lebhafteste zu beklagen ist, muß man mit seinen Urtheilen zurückhaltend sein. Aber trotz aller in diesem Falle gebotenen Vorsicht, glaube ich es als meine Vermuthung aussprechen zu müssen, daß unter Hunderten, die Jahr aus, Jahr ein, in Deutschland, Frankreich, Oesterreich und Italien wegen Fluchtverdacht verhaftet werden, kaum zehn zu finden sind, die daran denken, ins Ausland zu fliehen, daß unter zehn Versuchen kaum einer zu finden ist, wo die begonnene Flucht wirklich glücken kann.

Gegen die polizeiliche und staatsanwaltschaftliche, dem Inquisitionsprozeß entstammende Präsumtion[1] der Fluchtgefahr sprechen nämlich gleichzeitig psychologische, ökonomische und intellectuelle Momente.

Psychologische, insofern die ungeheure Mehrzahl aller Verbrechen auch solcher, die sich mit einer schweren Strafe bedroht sehen, darauf rechnen, ihre

---

[1] *Voraussetzung, Annahme von etwas Unbekanntem oder Zukünftigem aus bloßen Gründen der Wahrscheinlichkeit.*

## Die Auslieferung der Verbrecher und das Asylrecht

Ueberführung vereiteln und sich straffrei lügen zu können.

Wirthschaftliche Gründe gegen die Flucht ins Ausland liefert die Erwägung aller Schwierigkeiten, mit denen der Lebensunterhalt in der Fremde für Sprachunkundige verbunden ist.

[44/220] Intellectuell genommen, kommt in Betracht, daß die große Masse der Besitzlosen, aus denen die Gefängnisse ihre Bevölkerung ziehen, eigentlich nicht wissen, wohin sie fliehen sollen. Solche Leute haben in der Volksschule von der Geographie weitaus weniger gelernt, als sie zum Zwecke des Fliehens nöthig hatten.

Es scheint unzweifelhaft, daß sehr viel Verstand, sehr viel Ueberlegung und ein gewisses Maaß von Erfahrenheit vorhanden sein muß, um erfolgreich fliehen zu können. Geschickt zu fliehen, ist mindestens ebenso schwer, wie vor Gericht und Angesichts der Oeffentlichkeit geschickt zu lügen.

Die Erfahrung lehrt, daß Frauen, die an Häuslichkeit gebunden sind, viel mehr Anhänglichkeit an ihre örtliche Umgebung haben und sich fast niemals zur Flucht wenden, wenn sie nicht einen Genossen ihres Verbrechens oder einen Begleiter finden.

Wenn wir daran festhalten, daß gegen das Fluchtunternehmen eines Verbrechers wesentlich psychologische, ökonomische und intellektuelle Momente als Hindernisse ins Gewicht zu fallen pflegen, so sind wir

# Franz von Holtzendorff

auch in den Stand gesetzt, ohne Beihülfe einer Statistik herauszufinden, welche Kategorien von Missethätern am meisten geneigt sind, die Flucht zu ergreifen. Welche Verbrechen verlocken am meisten zur Flucht? Unzweifelhaft diejenigen Verbrechen, die mit der technischen Entwicklung des modernen Geldwesens und Handelsverkehrs im Zusammenhang stehen: Veruntreuungen im Handelsgeschäfte, Kassendefekte[1] an großen Banken und Kreditinstituten, Wechsel- und Münzfälschungen[2], betrügerischer Bankerott.

Das bei diesen Verbrechensarten in Betracht kommende Personal ist meistentheils, geschäftlich genommen, höchst intelligent, vertraut mit allen Verkehrswegen des Auslandes, fremder [45/221] Sprachen kundig, praktisch erfahren im Reisen, gewandt im Verkehr mit Menschen aller Art.

Das ökonomische Motiv des Verbrechens liegt bei ihnen in der Aussicht, entwendetes Gut in der Fremde sicher genießen, und sich der Last täglicher Arbeit entziehen zu können.

---

[1] *Fehlbestände in einer Kasse.*

[2] *Wechselgeschäft: ein Wertpapier, das eine unbedingte Zahlungsanweisung des Ausstellers an den Bezogenen enthält. Hier würde einfach das formlose Papier gefälscht, bei Münzfälschungen etwa eine Münze aus unedlem Metall anstatt edlem gefertigt oder das Gewicht durch Manipulationen reduziert werden.*

## Die Auslieferung der Verbrecher und das Asylrecht

Wer größere Summen Geldes aus einer ihm anvertrauten Kasse entwendet, weiß mit Bestimmtheit, daß seine That nicht lange verborgen verbleiben kann und der Beweis gegen ihn mit Sicherheit erbracht wird.

Unter solchen Umständen wird die Flucht in allen ihren Einzelheiten überlegt und vorbereitet, nach jedem dabei möglichen Umstande sorgfältig erwogen. Während bei anderen Verbrechern der Fluchtgedanke sich nach begangener That in das beunruhigte Gewissen einschleicht, reift die That des Kassendiebes und Betrügers aus der vorher geplanten Flucht gleichsam heraus.

Jeder Geschäftsmann erkennt auf den ersten Blick, welche Bedeutung das Auslieferungswesen für die Sicherheit des Eigenthums gewinnen muß.

In der Reihenfolge der den großen Kredit- und Bankinstituten gegen Veruntreuungen gebotenen Garantien steht in erster Linie sicherlich die moralische Bürgschaft eines geschäftlich bewährten und zuverlässig besonnenen Charakters, in zweiter Linie die Wahrscheinlichkeit, daß es einem Missethäter nicht mehr gelingt, die Früchte seines Verbrechens ungestört im Auslande zu genießen. In letzter Linie erst erscheint die Rücksicht auf die Höhe der Strafe, die unser heimisches Gesetz androht.

Die Erfahrung der Jahrhunderte lehrt, daß die Härte der Strafen bei Verbrechensthaten als Motiv der Unterlassung weitaus weniger wirksam ist, als die

# Franz von Holtzendorff

Wahrscheinlichkeit der Entdeckung und Ergreifung. Die Wahrscheinlichkeit der Auslieferung eines flüchtigen Verbrechens *[sic]* muß eben deswegen als werthvolle [46/222] Rechtsgarantie für die Sicherheit des Eigenthums anerkannt werden.

Wie verhält es sich nun mit der Wahrscheinlichkeit des gesicherten Entkommens für den Verbrecher der Jetztzeit?

Weitaus die meisten unter den großen Schwindlern wenden sich mit Vorliebe nach Amerika. Man glaubt durch die Scheidewand des atlantischen Oceans besser gedeckt zu sein, als in Europäischen Städten, in dichtbevölkerten Hafenstädten sich leichter verstecken zu können, als anderswo; man hofft, Anknüpfungspunkte zu finden in den Schichten älterer Einwanderer, ein neues Leben zu beginnen, wo Niemand nach Führungsattesten oder Legitimationspapieren[1] zu fragen pflegt.

Seitdem aber die Kabel[2] nach der neuen Welt gelegt wurden, verringerte sich die Wahrscheinlichkeit

---

[1] *Eine Ausweispflicht wie in Deutschland gibt es in den USA bis heute nicht.*

[2] *Das erste Kabel über den Atlantik wurde 1858 verlegt, funktionierte aber nicht lange. Ab 1866 gab es dann eine stabile Verbindung. Hierdurch wurde die Übermittelung von Nachrichten von zehn Tagen auf wenige Minuten beschleunigt. Die Kabel mußte sehr robust sein, weil es lange Zeit Probleme mit Brüchen und anderen Beschädigungen gab.*

des Entkommens um ein bedeutendes Stück. Der elektrische Funke überholt den Flüchtling. Nicht selten wird er von dem Griff eines Sicherheitsbeamten in demselben Augenblick festgehalten, in dem er das Ziel seiner Wünsche erreicht zu haben vermeint, oder den Fuß an die Küste des gelobten Landes setzen will.

Jede Vervollkommnung in der Befriedigung menschlicher Lebensbedürfnisse, jede technische Erfindung, die Anfangs nur materiellen Zwecken zu dienen schien, kommt in ihren Endergebnissen auch den idealen Zielen der Sittlichkeit[1] und des Rechtes zu Statten.

Die Erfinder der elektrischen Telegraphie und der Photographie dachten sicherlich nicht daran, der Strafrechtspflege einen Dienst zu leisten. Und doch läßt sich nicht bezweifeln, daß der Telegraph[2] und der photographische Apparat[3] unter den Hülfsmitteln der Kriminalpolizei von hohem Werth sind, und das moderne Auslieferungswesen erheblich befördert haben.

---

[1] *Im älteren allgemeinen Sinne von: Moral, Ethik.*

[2] *Telegraphen kamen nach Vorarbeiten in den 1830ern auf. Bis 1850 gab es bereits ein ausgedehntes Netz von Telegraphenleitungen.*

[3] *Photographische Aufnahmen gab es seit den 1820er Jahren. Allerdings wurden dabei Platten und nicht Filme belichtet. Filme auf Papierbasis gab es ab 1884, auf Basis von Zelluloid ab 1889, Rollfilme in Kapseln ab 1891.*

## Franz von Holtzendorff

Ist es nicht erstaunlich, wenn in dem ungeheuern Getriebe [47/223] unserer Weltstädte, aus dem Gewimmel von Millionen, nach Aufhebung der Reisepässe[1] ein einzelner Mensch ausfindig gemacht wird, der Hunderte und Tausende von Meilen vom Orte seiner Missethaten entfernt, alles aufbot, um der Aufmerksamkeit seiner Mitmenschen zu entgehen? Ein amerikanischer Mordgeselle wird am Ufer des Nil ergriffen, ein Frankfurter Betrüger an dem Fuße der Cordilleren[2] aufgefunden. In jeder neuen Zeitungsnummer, die den Bericht eines begangenen Verbrechens in die Ferne trägt, erneuert sich auch der Akt der Verfolgung gegen den Schuldigen, der in seltenen Fällen der Strafe, niemals der Schande entfliehen kann.

Aber nicht nur der Sicherheit des Eigenthums sollte die Auslieferungspraxis förderlich sein. Auch die staatsbürgerliche Freiheit[3] sollte daraus Vortheil ziehen.

---

[1] Mit dem Paßgesetz von 1867 wurden Pässe und Visa für In- und Ausländer im Norddeutschen Bund abgeschafft, was 1871 auf ganz Deutschland ausgeweitet wurde. Die meisten anderen europäischen Länder schafften Pässe und Visa schon vorher ab.

[2] Vermutlich sind die Amerikanischen Kordilleren gemeint, eine Gebirgskette, die sich im Westen des Kontinents von Nord- bis Südamerikas erstreckt.

[3] Die Freiheitsrechte, die dem Bürger eines Staates, etwa als Grundrechte, zugesichert werden.

## Die Auslieferung der Verbrecher und das Asylrecht

Wenn es für den Verbrecher schwer wird, zu entkommen, ein Asyl in weitester Ferne für ihn nicht mehr zu hoffen ist, wenn die Auslieferung eines Flüchtlings den höchsten Grad der Wahrscheinlichkeit erreicht haben wird, wenn ein System von Auslieferungsverträgen die gesammte civilisirte Welt einspannt, hat es dann noch einen Sinn, wegen der bloßen Möglichkeit eines voraussichtlich meistentheils erfolglosen Fluchtversuches die bürgerliche Freiheit in mittelschweren Verbrechensfällen durch Voruntersuchungshaft zu beschränken?

Soweit die Untersuchungshaft in Betracht kommt, steht unsere heutige Praxis in der Hauptsache noch auf demselben Boden, auf dem sie sich vor hundert Jahren befand, als man in Mitteldeutschland[1] nur einige tausend Schritt zu laufen brauchte, um sich in dem benachbarten Territorium eines kleinen Fürsten oder einer nahe gelegenen Reichsstadt[2] zu verbergen.

Welchen Sinn hätte es, heute A n g e s c h u l d i g t e vor ihrer Verurtheilung zu verhaften, weil sie, wie vor hundert Jahren [48/224] verdächtig sind, fliehen zu wol-

---

[1] *In der Mitte Deutschlands (etwa das heutige Hessen, Thüringen, teilweise Niedersachsen und Nordrhein-Westfalen) gab es besonders viele Kleinstaaten, teilweise mit wenigen Zehntausend Einwohnern.*

[2] *Eine Reichsstadt unterstand unmittelbar dem Kaiser und damit keinem Landesfürsten. Insofern der Kaiser wenig Macht hatte, war die Stadt damit weitgehend souverän.*

len, nachdem es sicher wurde, daß sie meistentheils mit Erfolg nicht fliehen können?

Weil unter seltenen Umständen Einzelne entkommen, und weil manche es erreichen, daß sie eine Weile vor den Blicken der Kriminalpolizei sich verbergen können, darum sollen zehn andere verhaftet werden, die in Wirklichkeit weder fliehen wollen, noch auch fliehen könnten! An Stelle des alten Begriffes der Fluchtverdächtigkeit setze man den auf moderner Erfahrung ruhenden Begriff des wahrscheinlichen Fluchterfolges und der Fluchtfähigkeit. Man würde wahrscheinlich zu anderen Ergebnissen gelangen und den hergebrachten Verhaftungseifer etwas einschränken können.

Wenn in früheren Zeiten, die von dem Werth der persönlichen Freiheit eine höhere Meinung hatten als die Gegenwart, jener schöne Ausspruch gethan wurde; es sei besser, zehn Schuldige straflos zu lassen, als einen Unschuldigen zu verurtheilen[1], so kann man auch mit demselben Rechte behaupten, es sei besser, zehn Verdächtige die Flucht versuchen zu lassen, als einen einzelnen Staatsbürger wegen unbegründeten Fluchtverdachts in Untersuchungshaft zu nehmen. Man vergesse nicht, daß von fünf Angeklagten, die aus dem

---

[1] *Der Bezug ist möglicherweise der Ausspruch von Voltaire (1696-1778) in dessen Erzählung "Zadig": "Besser, man riskiert, einen Schuldigen zu retten, als einen Unschuldigen zu verurteilen."*

## Die Auslieferung der Verbrecher und das Asylrecht

Untersuchungsarrest den Geschworenen vorgeführt werden, durchschnittlich e i n e r freigesprochen zu werden pflegt.

Und U n t e r s u c h u n g s h a f t bedeutet nach den eintretenden Folgen in unserem Zeitalter etwas ganz anderes als vor hundert Jahren. Selbst die besten Köpfe haben heute in der mittleren Gesellschaftsklasse Tag für Tag um ihre wirthschaftliche Existenz zu ringen. Wer im regelmäßigen Gange seiner Geschäftsthätigkeit durch Unglücksfälle oder Krankheit unterbrochen wird, sieht seine Lebensstellung gefährdet, falls er nicht mit Glücksgütern gesegnet ist. Ueberall, wo sich im Geschäftsleben eine Lücke [49/225] zeigt, harren[1] ungeduldige Bewerber des günstigen Augenblicks, um sich einer erledigten Stelle zu bemächtigen. Eine Untersuchungshaft von Monaten oder Wochen wird für manchen Kaufmann und manchen Handwerker gleichbedeutend mit einer dauernden Lähmung seiner Erwerbskräfte.

Unser Staatswesen, das durch regelmäßige Wiederkehr der Verpflichtung zu militärischen Uebungen[2] in

---

[1] *auf etwas warten.*

[2] *Im Kaiserreich gab es eine Wehrpflicht von drei (später zwei) Jahren, wonach die Soldaten für zwei Jahre der Reserve überstellt wurden. Danach folgten fünf und noch einmal drei Jahre im ersten und zweiten Aufgebot der Landwehr, was mit jeweils zwei, bzw. einer jährlichen Übung verbunden war. Die Landwehrpflicht endete mit 40 Jahren, wonach noch fünf Jahre im Landsturm folgten.*

den wirthschaftlichen Verkehr oft störend eingreifen muß, hat daher die besondere Obliegenheit[1], die äußerste Sparsamkeit, Zurückhaltung und Vorsicht in der Anordnung der Untersuchungshaft walten zu lassen. Die mögliche Wechselwirkung zwischen den Vervollkommnungen in der Entwicklung des Auslieferungswesens und der wünschenswerthen Steigerung der persönlichen Freiheitsrechte im Strafprozeß darf hier nicht unbeachtet bleiben.

Um diesen Zusammenhang zwischen möglicher Verbesserung des Auslieferungswesens und der Verminderung der Voruntersuchungshaft genauer feststellen zu können, wäre die Begründung einer zuverlässigen Auslieferungsstatistik zu erstreben. Wäre es nicht höchst werthvoll, genau festzustellen, in wie vielen Fällen der hinreichend verdächtige Delinquent die Flucht ergreift und wie oft es ihm gelingt, sich der Ergreifung im Auslande zu entziehen?

Besäße man über diese wichtigen Fragen zuverlässige Angaben, so wäre im Zusammenhang mit der Verbesserung der Auslieferungspraxis zu erwägen, ob durch gemeinsame Vereinbarung der modernen Kulturstaaten nicht eine internationale Kriminalpolizei[2] in

---

[1] *Pflicht, Aufgabe.*

[2] *Weniger weit, als Franz von Holtzendorff wünscht, geht etwa die heutige Organisation Interpol (International Criminal Police Organization). Sie wurde 1923 als Internationale kriminalpolizeiliche Kommission in Wien gegründet und hat ihren Sitz in Lyon.*

der Weise herzustellen wäre, daß an den erfahrungs-
gemäß wichtigsten Verkehrspunkten erfahrene, mit
der Verbrecherwelt bekannt gewordene Sicherheitsbe-
amte beglaubigt und vom Auslande anerkannt würden.
Die großen Konsulate, die ohnehin eine beschränkte
Polizeigerichtsbarkeit ausüben, er-[50/226]-scheinen als
Stützpunkte einer derartigen Einrichtung. Diese öffentlich für internationale Rechtszwecke gehandhabte
Sicherheitspolizei würde mehr Nutzen stiften, als geheime Polizeispione, die früher im Auslande zur
Ueberwachung von Flüchtlingen unterhalten zu werden pflegten[1].

# V.

Das Ergebniß der bis hierher geführten Untersuchung war:

Die Auslieferung wird in Gemäßheit der bestehenden Verträge der Regel nach verweigert, wo es sich um
die eigenen Unterthanen oder um die Bestrafung politischer Verbrecher handelt. Die Auslieferung wird gewährt, wo es sich um schwere gemeine Verbrechen
handelt, die sowohl nach dem Rechte des die Ausliefe-

---

[1] *Dies war etwa eine übliche Praxis Preußens und Österreichs im
Vormärz und der Reaktionszeit nach der Revolution von 1848,
wobei als politisch gefährlich eingeschätzte Emigranten in
Frankreich, Belgien oder Großbritannien überwacht wurden.*

rung begehrenden Staates, als nach dem Rechte des um Auslieferung ersuchten Staates vor Gericht verfolgt werden können.

Diese Gegenüberstellung von Auslieferungsverbot und Auslieferungspflicht führt mit Nothwendigkeit zu der ebenso schwierigen als wichtigen Frage:

Ob es ein sicheres Kennzeichen gebe, wodurch in allen Fällen politische und gemeine Verbrechen von einander geschieden werden können?

Eben diese Frage war es, wodurch vor Jahr und Tag die gesammte Europäische Presse und die Diplomatie großer Staaten in Bewegung gesetzt wurde, als Rußland wegen des Moskauer Eisenbahnattentates[1] die Auslieferung von Hartmann[2] verlangte. Angenommen, daß der damals Angeschuldigte wirklich hinreichend verdächtig war, in der Absicht, den Russischen Czaren [51/227] zu tödten, einen Eisenbahnzug durch Sprengstoffe beschädigt zu haben — war er als politischer oder als gemeiner Verbrecher anzusehen? Sind seine Nachfolger, die das Attentat im Winterpalais un-

---

[1] *Leo Hartmann (1850-1913) versuchte zusammen mit Sofja Perowskaja am 1. Dezember 1879 den Zug des Zaren Alexanders II. mit einer unter der Bahnlinie nahe Moskau angebrachten Sprengladung zu töten. Er floh nach der Tat nach Frankreich.*

[2] *Hartmann hielt sich in Frankreich auf, wurde aber nicht wie gewünscht an Rußland ausgeliefert. Dafür wurde er allerdings etwas später ausgewiesen, lebte zeitweise in den USA und schließlich wieder in Frankreich, wo er 1913 starb.*

ternahmen und den Kaiser am 13. März d. J. getödtet haben[1], als gemeine oder als politische Verbrecher anzusehen? Ist der Mordversuch gegen Monarchen wie ein Mordversuch gegen einen Privatmann anzusehen[2]?

Auch hier zeigt sich von vornherein ein Zwiespalt zwischen nationaler Strafgesetzgebung und völkerrechtliche Anschauung.

Die meisten Strafgesetzgebungen bestrafen den Mordversuch gegen das Staatsoberhaupt nicht wie einen Mordversuch gegen Privatpersonen mit schweren Freiheitsstrafen, sondern mit Rücksicht auf die politische Rechtsstellung des Monarchen regelmäßig mit der Todesstrafe. Sie bestrafen überdies nicht nur den Versuch des Mordes, sondern auch Vorbereitungen und

---

[1] *Am 13. März 1881 verließ Zar Alexander II. in einer Kutsche den Michailowski-Palast. Nach wenigen Metern detonierte eine Dose mit Dynamit, wobei der Kaiser unverletzt blieb. Der Attentäter, Nikolai Ryssakow, wurde von der Begleitmannschaft sofort überwältigt, rief dabei aber dem Zaren zu: „Freuen Sie sich nicht zu früh!" Als der Zar sich den Schaden anschauen wollte, warf ein weiterer Attentäter, Ignatij Grinewitzkij, eine zweite Bombe vor die Füße des Zaren. Der Zar erlag eine Stunde später im Winterpalast seinen schweren Verletzungen an beiden Beinen. Die Attentäter gehörten zur Narodnaja Wolja (Volkswille), unter ihnen befand sich auch Sofia Perowskaja, die zusammen mit Leo Hartmann den Zaren 1879 hatte töten wollen.*

[2] *Wenn das so wäre, dann handelte es sich um ein gemeines und kein politisches Verbrechen, womit eine Auslieferung möglich ist.*

# Franz von Holtzendorff

Verabredungen, die in Hinsicht einer zu tödtenden Privatperson straflos bleiben würden.

Trotz dieser Ungleichheit der Bestrafung wird aber die Forderung erhoben, daß das sogenannte Attentat gegen das Leben eines Monarchen in den Auslieferungsverträgen wie ein gemeiner Mordversuch behandelt werden soll.

Dasselbe Verbrechen, das Hartmann zur Last gelegt wurde, war bereits ein Vierteljahrhundert früher in Frankreich vorgekommen.

Im November 1854 hatte ein gewisser Jacquin[1] eine Stelle der französischen Nordbahn unterminirt[2],

---

[1] *Jules Jacquin, ein in Belgien lebender französischer Fabrikant, und sein Vorarbeiter Célestin Jacquin versuchten 1854 auf der Linie von Lille nach Calais den Zug von Kaiser Napoleon III. mit einer "Höllenmaschine" (einer Dynamitladung mit einem Zünder) in die Luft zu sprengen. Frankreich verlangte die Auslieferung der beiden von Belgien, was aber verweigert wurde. Allerdings verabschiedete Belgien 1856 eine "Attentatsklausel" als Ergänzung zum belgischen Asylrecht, die besagte, daß der Mord an einem auswärtigen Staatsoberhaupt oder einem Mitglied von dessen Familie nicht als ein politisches Verbrechen einzustufen sei, womit eine Auslieferung möglich wurde.*

[2] *Einen Stollen unter der Strecke anlegen, in dem sich die Sprengladung befindet. Anders als bei anderen „Höllenmaschinen" (infernal machines), wie sie um die Zeit besonders von den irischen Feniern eingesetzt werden, um Schiffe zu versenken, handelt es sich hier beim Zünder wohl nicht um einen Zeitzünder, sondern um einen, der beim Überfahren durch den Zug ausgelöst wird.*

um den kaiserlichen Eisenbahnzug in die Luft zu
sprengen und Napoleon III. zu tödten Nachdem der
Thäter entkommen war, verlangte man auf französischer Seite dessen Auslieferung von B e l g i e n, wohin
er sich geflüchtet hatte. J a c q u i n wurde, wie auch
H a r t m a n n, in Folge des Auslieferungsgesuchs verhaftet. Der Unterrichter [52/228] verordnete jedoch seine Freilassung, weil es sich um ein politisches Delikt
handle. Eine höhere Instanz erkannte das Auslieferungsgesuch als begründet an. Eine nochmalige Prüfung der Sachlage ergab nochmalige Bedenken gegen
die Auslieferung an Frankreich. Das Endergebniß dieses Streitfalles war, daß Jacquin zwar nicht ausgeliefert
wurde, der Fall dagegen den Anlaß bot zu einem be-
sonderen belgischen Gesetzgebungsakt, in welchem
anerkannt wurde, daß der Angriff auf das Leben der
Monarchen als gemeines Verbrechen gelten solle.

Ob dieser Gesetzgebungsakt vom 22. Marz 1856
ein Werk vollkommen freier Ueberzeugung, oder einer
von mächtigen Nachbarstaaten erpreßten Nachgiebig-
keit war, läßt sich mit Bestimmtheit weder verneinen,
noch auch behaupten. Jedenfalls bezeichnete J a c -
q u i n ' s Fall einen Wendepunkt in dem Abschlusse
Europäischer Auslieferungsverträge, insofern als eine
und dieselbe, auf Attentate bezügliche Clausel, vielfach
Aufnahme fand. Sie findet sich in neun von Belgien
abgeschlossenen Auslieferungsverträgen und fehlt in
neun anderen.

# Franz von Holtzendorff

Selbst die französische Republik die sonst in so vielen Stücken die Ueberlieferung des Kaiserthums[1] abgebrochen hat, übernahm die Erbschaft der Attentatsclausel. Sie findet sich in den neueren von Frankreich mit Belgien, Monaco und Dänemark abgeschlossenen Auslieferungsverträgen, wozu sicherlich der Pariser Aufstand vom Jahre 1871[2] sehr viel beitrug.

Andere Staaten haben sich gegen die Aufnahme der Attentatsclausel gesträubt, woraus aber keineswegs eine Beschützung von Fürstenmördern gefolgert werden darf. Denn es bleibt bei den in französischer Sprache abgefaßten Verträgen immer zu erwägen, daß dem Worte „Attentat" von Juristen vielfach eine über den Begriff des Mordversuchs hinausgehende Bedeutung beigemessen wird[3].

[53/229] Man kann also nicht sagen, daß diese Streitfrage unbedingt aus der Welt geschafft worden wäre. In Paris ist man im Hartmann'schen Falle einer gerichtlichen Entscheidung aus dem Wege gegangen. Und selbst in England, dessen Bevölkerung von kon-

---

[1] *Der Zeit Napoleons III. vor der 3. Französischen Republik von 1871 bis 1940.*

[2] *Die Pariser Commune.*

[3] *Ein "attentat" ist allgemein der Versuch eines Verbrechens gegen jemanden, was eine weitere Verwendung des Wortes im Französischen als im Deutschen zuläßt, auch wenn die Hauptbedeutung ähnlich ist im Sinne eines politischen Anschlags.*

# Die Auslieferung der Verbrecher und das Asylrecht

tinentalen Staatsmännern wegen ihres Rechtssinnes so oft gerühmt wird, mißbilligte man die Auslieferung von Orsini's Mitverschworenen[1], obgleich Orsini nicht nur dem Leben des Kaisers Napoleon in besonders gefährlicher Weise nachgestellt, sondern auch eine Anzahl von unbetheiligten Privatpersonen in der Rue Lepelletier vor der Oper getödtet hatte, wie dies auch bei den beiden letzten Russischen Mordthaten vorkam, die 1880 im Winterpalais und am 13. März 1881 auf öffentlicher Straße verübt wurden[2].

---

[1] *Felice Orsini (1819-1858) war ein italienischer Nationalist und Mitglied des Geheimbundes der Carbonari. Da er Kaiser Napoleon III. für das Haupthindernis für die italienische Einigung ansah, versuchte er diesen und seine Frau am 14. Januar 1858 bei ihrer Fahrt zur Oper in der Rue Peletier zu ermorden. Zum Einsatz kamen dabei die von Orsini erfundenen "Orsini-Bomben". Diese sind mit kleinen Hörnern bestückt, in denen sich Knallquecksilber befindet. Beim Aufschlag zünden diese Zünder die Hauptladung. Orsini und seine Komplizen warfen drei solche Bomben auf die kaiserliche Kutsche. Dabei wurden acht Menschen getötet und 142 verletzt. Der Kaiser und die Kaierin blieben allerdings unversehrt und besuchten anschließend demonstrativ die Vorstellung in der Oper.*

[2] *Stepan Nikolajewitsch Chalturin (1856-1882), der der Narodnaja Wolja (Volkswille) angehörte, versuchte mit einem Sprengstoffanschlag am 17. Februar 1880 auf das Winterpalais den Zaren Alexander II. und seine Familie zu töten. Der Anschlag mißlang. Der zweite angesprochene Anschlag ist das Attentat auf den Zaren Alexander II., bei dem dieser tödlich verletzt wurde.*

# Franz von Holtzendorff

Stellt man die Frage so, ob in Ermangelung eines Auslieferungsvertrages jeder Tödtungsversuch gegen einen Monarchen der strafrechtlich genommen, als Hochverrath mit dem Tode zu ahnden ist, auch darum völkerrechtlich seine Qualität als politisches Delikt verliere, so wird sich zwischen der republikanischen und monarchischen Auffassung schwerlich eine ausreichende Vermittelung finden lassen; es sei denn etwa darin, daß der offene, bewaffnete Angriff auf einen Usurpator[1], der durch Gewalt, Verrath und Meineid eine republikanische zu Recht bestandene Verfassung über den Haufen gestürzt hat oder einen legitimen Monarchen durch hochverrätherische Handlungen vertrieb, weder vom monarchistischen noch vom republikanischen Standpunkt als gemeiner Mordversuch angesehen werden kann. Es giebt hier nur zwei Möglichkeiten. Entweder ist jeder Mordversuch ein gemeines Verbrechen folglich auch der Fürstenmord, der alsdann gleich einem gemeinen Verbrechen bestraft werden müßte. Oder es giebt neben dem gemeinen Verbrechen auch noch einen politischen Mord. In diesem letzte-[54/230]-ren Falle würde der Fürstenmord zwar kein politisches Verbrechen sein müssen, wohl aber ausnahmsweise sein können.

Daß es neben dem gemeinen Mord auch noch einen politischen Mord giebt, war die allgemeine Ueberzeugung der besten Männer in Europa, als Charlotte

---

[1] *Jemand, der die Macht unberechtigt an sich gerissen hat.*

# Die Auslieferung der Verbrecher und das Asylrecht

Corday[1] den Advokaten Marat erdolcht hatte. Unleugbar tritt aber in neuerer Zeit eine immer stärker anwachsende Mißbilligung jedes politischen Mordes hervor.

Wenn die Englische Presse die Ermordung des Kaisers Alexander[2] und die Attentate gegen Louis Philipp[3] weitaus allgemeiner und entschiedener gemißbilligt hat, als die Attentate gegen Napoleon III., so erklärt sich dies daraus, daß sich jener Unterschied zwischen einem zwar absoluten, aber doch legitimen Erbfürsten und einem scheinbar constitutionell regierenden, aber doch eidbrüchig gewordenen Usurpator nicht mehr so fühlbar machte, nachdem Napoleon aufgehört hatte, zu regieren.

In dieser Hinsicht läßt sich daher nicht bezweifeln, daß die republikanische Staatsverfassung in Frankreich der Sicherheit des monarchischen Erbrechts in der Europäischen Staatenwelt weit aus zuträglicher ist, als

---

[1] *Marie Anne Charlotte Corday d'Armont, (1768-1793) war eine Anhängerin der gemäßigten Gironde während der französischen Revolution. Am 13. Juli 1793 verschaffte sie sich Zugang zu Jean-Paul Marat (1743-1793), dem Vertreter der extremen Jakobiner, und erstach ihn. Für ihre Tat wurde sie wenige Tage später guillotiniert.*

[2] *Zar Alexander II.*

[3] *Louis-Philippe I. (1773-1850), war in der so genannten Julimonarchie von 1830 bis 1848 der "König der Franzosen".*

der Bestand einer usurpatorischen Dictatur oder Monarchie.

Dieselbe Streitfrage, die sich mit dem Attentat gegen das Leben eines Fürsten beschäftigt, kann auch in zahlreichen anderen Wendungen wiederkehren. Das Urtheil über die von den französischen Communisten[1] 1871 verübten Missethaten lautet eben so verschieden, wie über die gegen Napoleon III. verübten Angriffe. Die Hauptsache, auf die es in dieser Streitsache ankommt, ist weniger eine Beschränkung, als eine richtige Bestimmung des Asylrechts, durch welches ein Flüchtling gegen strafrechtliche Verfolgung seines Heimathsstaates gesichert, nicht [55/231] aber zu straflosen Angriffen auf fremde Staatsordnungen, wie aus einem Versteck befähigt werden soll.

Man darf nicht vergessen, daß die allgemein sittlichen[2] im Völkerverkehr hervortretenden Anschauungen, niemals völlig mit der juristisch strafrechtlichen Auffassung zusammenfallen können. Strafrechtlich genommen, ist auch derjenige als Hochverräther und Mörder zu bestrafen, der während eines Bürgerkrieges gefangen genommen wird, nachdem er im offenen Gefechte vorsätzlich und mit Ueberlegung den kom-

---

[1] *Hier im Sinne der Mitglieder der Commune gemeint, wobei es auch Überlappungen mit Kommunisten im ideologischen Sinne gab.*

[2] *Im älteren Sinne von: moralischen, ethischen.*

## Die Auslieferung der Verbrecher und das Asylrecht

mandirenden Monarchen zu tödten versuchte. Der strafrechtlichen Anschauung gemäß, müssen bei eintretender Restauration[1] legitimer Monarchen, diejenigen als Königsmörder zur Rechenschaft gezogen werden, die nach dem Ausbruch revolutionärer Bewegungen für die Hinrichtung eines abgesetzten Erbfürsten gestimmt oder gewirkt haben. Diese strafrechtlichen Schlußfolgerungen, Angesichts welcher alle geschichtlichen Thatsachen des Volkslebens gegenüber den Grundsätzen des positiven Staatsrechts einfach unbeachtet bleiben sollen, werden aber im Völkerverkehr der neueren Zeit auf Billigung nicht rechnen können.

Wo in den Auslieferungsverträgen der Gegenwart von Fürstenmord oder von Attentaten die Rede ist, wird jedenfalls auch vorausgesetzt sein, daß es sich um einen Angriff auf Monarchen handelt, die zur Zeit der gegen sie unternommenen That als solche im Staatenverkehr anerkannt waren.

Ein Angriff auf Louis Napoleon, während der Ausführung seines Staatsstreichs und vor seiner Anerkennung verübt, hätte aus diesem Grunde nicht etwa hinterher als „hochverrätherisches Attentat" im Sinne des Strafgesetzes bezeichnet werden können. Ebenso wenig waren vom völkerrechtlichen Standpunkte aus diejenigen als Staatsverbrecher zu erachten, die wegen ihres erfolglosen Widerstandes gegen den Staatsstreich

---

[1] *Wiederherstellung einer früheren Ordnung, die abgeschafft worden war.*

des Prinzpräsidenten[1] aus Frankreich deportirt wurden[2].

[56/232] Die Unterscheidung provisorischer und definitiv anerkannter Regierungen darf daher bei gewissen Auslieferungsgesuchen nicht völlig außer Acht gelassen werden.

Jedenfalls wäre es auch ein gefährlicher Irrthum, wenn man glaubte, die persönliche Sicherheit der Monarchen durch die Verallgemeinerung der sogenannten Attentatsklausel wesentlich fördern zu können. Die gleichmäßige Bestrafung des Mordversuchs ohne Unterschied der Rangstellung entspricht den völkerrechtlichen Interessen und es verdient ernstliche Erwägung, ob nicht vorbereitende Handlungen oder Verschwörungen gegen das Leben irgend eines Menschen oder öffentliche Aufreizungen zu Mordthaten schlechthin unter Strafe gestellt werden sollten, um dem vom republikanischen Standpunkt aus nicht als

---

[1] *Napoleon III., wurde als der Sohn von Louis Napoleon (Bruder von Napoleon I.) geboren, der zu jener Zeit König von Holland war. Von daher war er ein Prinz. An die Macht kam er 1848 allerdings durch Wahl zum ersten und einzigen Präsidenten der Zweiten Französischen Republik. Da er nicht gemäß der Verfassung nach einer Amtszeit abtreten wollte, putschte er 2. Dezember 1851 und erklärte sich am 2. Dezember 1852 zum Kaiser von Frankreich.*

[2] *Als Strafe wurden Verbrecher in die überseeischen Gebiete deportiert, vor allem nach Französisch-Guyana.*

# Die Auslieferung der Verbrecher und das Asylrecht

unberechtigt zu erachtenden Einwand zu begegnen,
daß im Auslieferungsrechte die Feinde der Fürsten
zwar nicht günstiger, aber auch nicht ungünstiger gestellt sein dürfen, als solche, die sich in verbrecheri-
scher Weise gegen das Leben eines nicht monarchischen Staatsoberhauptes vergehen. Mit dieser für die
Zukunft der Kulturvölker nicht unwichtigen Rechts-
frage, darf man den präventiv-polizeilichen Gesichtspunkt der thunlichsten[1] Sicherung herrschender Personen deswegen nicht vermischen, weil die Mehrzahl
politischer Mörder zur Klasse jener Fanatiker gehört,
die unter entschiedenster Verzichtleistung auf jeden
Fluchtversuch, vollkommen entschlossen sind, ihr Leben gegen das Gelingen ihrer Verbrechen einzusetzen.
Die Aussicht, nach geschehener That, im Falle gelungener Flucht ausgeliefert zu werden, ist unter diesen
Umständen als Gegengewicht gegen die Beweggründe
des auf Mord sinnenden Hochverräthers nahezu be-
deutungslos. Viel wichtiger ist die allmählig, aber tiefer
eingreifende auf allgemeiner Billigung beruhende Aus-
bildung menschheitlicher Rechtsbegriffe, [57/233] ver-
mittelst völkerrechtlich vereinbarter Strafsatzungen,
aus denen jede Ausnahmejustiz zum Nachtheil der
Angeklagten und jede Privilegirung menschlichen Le-
bens im Voraus auszuscheiden hätten.

Als Ergebniß einer auf den thatsächlichen Stand
der Rechtsansichten in verschiedenen Ländern Euro-

---

[1] *nach Möglichkeit, ratsam.*

pas gerichteten Prüfung, findet man im gegenwärtigen Zeitalter neben zahlreichen Zweifeln und Widersprüchen, nur eine Reihe von negativen Sätzen. insbesondere Folgendes:

Die Grenzlinie zwischen p o l i t i s c h e n und g e m e i n e n Verbrechen läßt sich weder durch wissenschaftliche Definitionen, noch durch einen allgemein gültigen Gesetzesausdruck zum Zwecke der Vertragsschließung feststellen[1].

Nicht jeder Angriff auf die allgemeine Ordnung des Staates oder die Person des Staatsoberhauptes ist nothwendig als politisches Vergehen anzusehen. Nicht jeder Angriff auf das Leben oder das Eigenthum einer einzelnen Person ist nothwendig ein gemeines Vergehen. Plünderungen und Brandstiftungen, die im regelmäßigen Laufe der Dinge als gemeine Verbrechensthaten erscheinen, können ausnahmsweise zu Zeiten eines Aufstandes als politische Verbrechen von ausländischen Regierungen zu würdigen sein.

---

[1] [Anmerkung 8:] 8) Vgl. darüber außer B u l m e r i n c q ' s Artikel in dem von mir herausgegebenen „Rechtslexikon" unter „Auslieferung" und „Asylrecht," sowie die neueste Arbeit von A. T e i c h m a n n (Basel), les délits politiques, le régicide et l'extradition in der von Rivier herausgegebene Revue de droit international 1879. S. 475ff. und v. M a r t e n s (St. Petersburg) lettre au sécrétaire-général de l'Institut de droit international sur l'extradition pour délits politiques, ebendas. S. 520 und H o r n u n g (Genf), Note sur l'extradition pour cause de régicide, ebendas. S. 518.

# Die Auslieferung der Verbrecher und das Asylrecht

Für die internationale Würdigung des politischen Verbrechers ist vornehmlich von Bedeutung die Rücksichtnahme auf das Verhältniß eines Angeklagten zu dem allgemeinen Stande der öffentlichen Rechtsbeziehungen seiner Heimath, so daß zu fragen ist: in wie weit das individuelle Unrechtsbewußtsein eines Uebelthäter durch Willkürakt einer Gewaltherrschaft vermindert oder durch allgemein herrschende Aufregung und Unruhe getrübt sein konnte.

Für die ethische Seite des politischen Verbrechens ent-[58/234]-scheidet dagegen vornehmlich die Rücksicht darauf, ob eine bestimmte Person bei der Uebertretung eines bestehenden, von ihr selbst anerkannten Gesetzes für das allgemeine Wohl unter Aufopferung ihrer eigenen Lebensgüter eintreten wollte?

Gleichgültig dagegen ist, ob bei einer bestimmten Handlung die Beweggründe der Habsucht und des Eigennutzes, der Rachsucht und Zerstörungsgier mit den Motiven des politischen Hasses gepaart waren. Wer zu Zeiten einer Insurrektion[1], ohne der Sache des Aufstandes damit förderlich zu sein, das Besitzthum eines politischen Gegners zerstört, muß als gemeiner Brandstifter angesehen werden. Mit Recht hat das völkerrechtliche Institut in seine Oxforder Sitzung hervorgehoben daß im Bürgerkriege nur solche Handlungen unter das Asylrecht der Flüchtigen fallen können, wel-

---

[1] *Aufstand, Erhebung.*

che nach dem Kriegsgebrauch der civilisirten Staaten als zulässige gelten können.

Die soziale Revolution[1], welche vor allen andern Dingen eine materielle und wirthschaftliche Verbesserung in der Vertheilung der Lebensgüter für ihre Anhänger erstrebt, steht daher, wenigstens soweit die gehofften persönlichen Vortheile für den Gesetzesübertreter bestimmt sind, von der Erscheinungsform rein politischer Verbrechen entfernter als solche, die eine Aenderung der jeweiligen Herrschaftsform gewaltsam herbeizuführen unternehmen, womit freilich die Betheiligung idealer Bestrebungen an den Versuchen einer gesellschaftlichen Umwälzung nicht völlig ausgeschlossen erscheint.

Bei der Schwierigkeit einer sicheren Abgrenzung politischer und gemeiner Verbrechen und dem Vorhandensein einer Gruppe von Fällen, in denen politische Gesichtspunkte sich mit gemeinen Verbrechen vermischen, bleibt in der Auslieferungspraxis nichts anderes übrig, als die Prüfung jedes einzelnen, gerade vorliegenden Thatbestandes in das gewissenhafte Ermessen der um [59/235] Auslieferung ersuchten Regierung zu stellen. Sie hat zu erwägen, wie weit nationale Ehre ihr gebietet, das Asylrecht eines entwaffneten und geschlagenen Kämpfers gegen die Forderungen

---

[1] *Eine Revolution, die nicht nur eine Umgestaltung des Staates, sondern der ganzen Gesellschaft anstrebt, üblicherweise in einem sozialistischen oder kommunistischen Sinne.*

# Die Auslieferung der Verbrecher und das Asylrecht

eines guten Nachbarn oder den Zorn eines mächtigen Herrschers zu vertheidigen. Sie muß aber auch überlegen, daß zu weit gehende Ausdehnung der politischen Flüchtlingen gebührenden Schonung auf unwürdige Verbrecherkategorien das Gefühl der moralischen Verantwortlichkeit lähmt und schwächeren Naturen einen Rechtfertigungs- oder Entschuldigungsgrund für ihre gemeinen Missethaten vorspiegelt.

Aus diesem Grunde wäre es schädlich und voreilig, in Auslieferungsverträgen diejenigen Fälle aufzählen zu wollen, in denen das Vorhandensein eines politischen Verbrechens angenommen oder ausgeschlossen sein soll. Alles hängt vielmehr an der Prüfung des einzelnen Vorganges, um den es sich handelt.

So kann Niemand nach den bis jetzt bekannt gewordenen Thatsachen bezweifeln, daß in der Pariser Commune vom Jahre 1871[1] sehr verschiedenartige Elemente neben einander betheiligt waren: Einige Fanatiker eines politischen Trugbildes, die einen besseren und höheren Zustand der Dinge herbeizuführen glaubten, indem sie ihr Leben an die Erreichung des

---

[1] *Die Pariser Commune war der während des Deutsch-Französischen Krieges gebildete Pariser Stadtrat vom 18. März 1871 bis 28. Mai 1871, der Paris nach sozialistischen Vorstellungen verwalten wollte. Im Zuge der Kämpfe mit den Regierungstruppen brannten die Kommunarden verschiedene öffentliche Gebäude wie den Tuilerienpalast nieder. Außerdem wurden Geiseln erschossen.*

ihnen vorschwebenden Zieles setzten und zahlreiche gemeine Kreaturen, die bei ihren Zerstörungswerken den Antrieben blinder Rachsucht, des rohen Eigennutzes und persönlichen Hasses gehorchten.

# VI.

Es kann geschehen, daß eine Regierung einen Rechtsflüchtigen wegen eines gemeinen Verbrechens anschuldigte, um ihn nach geschehener Auslieferung wegen eines in früherer Zeit [60/236] begangenen politischen Vergehens zur Rechenschaft zu ziehen. Ebenso ist es möglich, daß jemand politische und gemeine Verbrechen neben einander beging.

Um das Princip der Nichtauslieferung politischer Delinquenten mit der Auslieferungspflicht wegen gemeiner Verbrechen in Einklang zu setzen, bleiben hier zweierlei Auswege:

Erstens: die Auferlegung einer Bedingung an ausländische Regierungen, wodurch sich diese vor der Bewilligung der Auslieferung verpflichten, niemand, der wegen gemeiner Verbrechen ausgeliefert würde, hinterher dennoch wegen politischer Verbrechen vor Gericht zu ziehen noch auch wegen irgend eines anderen Vergehens zu verfolgen, als wegen dessen die Auslieferung erfolgte.

## Die Auslieferung der Verbrecher und das Asylrecht

Und zweitens die Einräumung förmlichen richter-
lichen Gehörs an den Rechtsflüchtigen, um diesem
Gelegenheit zu geben, nachzuweisen daß die ihm zur
Last gelegte That eine rechtlich straflose zur Zeit ihrer
Begehung war, oder hinterher durch Ablauf der Ver-
jährungsfristen geworden ist, oder als eine politische
Verbrechensthat nach den obwaltenden Umständen
angesehen werden müsse.

England, Nordamerika und Belgien haben
an dem Grundsatz festgehalten, die Auslieferung von
Verbrechern nicht lediglich als eine diplomatische
Angelegenheit zu behandeln, bei der die Interessen der
betheiligten Staatsregierungen formlos zu prüfen sind,
sondern gleichzeitig auch wegen des drohenden Ein-
griffs in die persönliche Freiheit des Verfolgten der
richterlichen Prüfung zu unterbreiten, während die
Praxis der continentalen Großstaaten ein lediglich ad-
ministratives, theils diplomatisches, theils kriminalpo-
lizeiliches Auslieferungsverfahren angemessener fand[1].

Die Frage, ob im Zusammenhange mit einem Aus-
lieferungs-[61/237]-gesuche ein politisches Verbrechen
vorliege oder nicht, wird also in Belgien unter Mitwirkung des Richter geprüft, in Deutschland dagegen le-

---

[1] *Mit anderen Worten: die Entscheidung über eine Auslieferung
erfolgt nicht auf einer gesetzlichen Grundlage und nach Über-
prüfung durch die judikative Gewalt, sondern im Ermessen der
Behörden und nach den Wünschen von Diplomatie und Polizei.*

diglich durch die höchsten Regierungsbehörden entschieden.

Wie das Auslieferungsverfahren am zweck-
mäßigsten zu gestalten ist, läßt sich nur auf Grund
sorgfältiger Vergleichungen zwischen den in verschiedenen Ländern gemachten Erfahrungen ermitteln.
Zwei Uebertreibungen sind hier möglich. Entweder
das ungebührliche Uebergewicht rein polizeilicher
Strafverfolgungsinteressen, denen an schleuniger und
thunlichst formloser Ergreifung eines Verdächtigen
gelegen ist, der sich möglicherweise nur deswegen auf
die Flucht begab, um einer langen Voruntersuchungshaft zu entgehen, bei Ertheilung sicheren Geleites aber
vor dem Gerichte seines Heimathsstaates freiwillig
erscheinen würde. Oder die übertriebene Rücksichtnahme auf die persönliche Freiheit eines Angeklagten,
gegen den zwar hinreichende Verdachtsgründe aber
doch keine zur Verurtheilung ausreichende Beweismittel der ausländischen Regierung vorgelegt werden
können.

Zwischen diesen Möglichkeiten durch die Förm-
lichkeiten des Auslieferungsverfahrens entweder die
persönliche Freiheit eines Flüchtlings oder die allgemeinen Interessen der Strafrechtspflege zu beschädi-
gen, schwankt die Wageschale der Entscheidung, je
nach den herrschenden Grundanschauungen über die
Aufgabe des Strafprozesses und vornehmlich der Voruntersuchung, die in England eine öffentliche und

mündliche, in den continentalen Staaten eine schriftli-
che und geheime Form voraussetzt.

Zwischen Frankreich und England insbesondere
haben sehr eingehende und wichtige Verhandlungen
über das anzunehmende Auslieferungsverfahren statt-
gefunden. Der Standpunkt des Diplomaten, der ein
formloses Verfahren überall vorzieht, ist [62/238] be-
greiflicherweise verschieden von der Denkweise derjenigen, die die Bedeutung rechtlich vorgeschriebener
Formen, als eines Sicherungsmittels gegen willkürliche
oder doch übereilte Verfolgungsakte schätzen gelernt
haben. Man kann darüber zweifelhaft sein, wie weit die
Mitwirkung des Richters bei der Prüfung eines von
auswärtigen Regierungen gestellten Auslieferungsgesu-
ches wünschenswerth sei; daß sie völlig ausgeschlossen
werde, läßt sich schwerlich rechtfertigen, wenn man
bedenkt, daß zuweilen wichtige, in die persönliche
Freiheit eingreifende Rechtsfragen zu entscheiden
sind, daß auch der Fremde Anspruch auf Rechtsschutz
hat und selbst mächtigen Regierungen, daran gelegen
sein kann, gegen den Schein des Uebelwollens bei
Verweigerung einer Auslieferung durch Entscheidungen unabhängiger Gerichte dem Auslande gegenüber
gedeckt zu sein. Ein vollkommen ausgebildetes Auslieferungsverfahren würde daher in drei Stadien zerfallen
können:

Erstens, das criminalpolizeiliche Einlei-
tungsstadium, in welchem, unter Vorbehalt nach-
folgender Rechtfertigungsstücke, meistentheils un-

ter Benutzung des Telegraphen, die vorläufige Festnahme einer thatsächlich auf der Flucht befindlichen Person von den Behörden des Auslandes verlangt wird.

Zweitens: Das diplomatische Stadium, in welchem das Ministerium der auswärtigen Angelegenheiten in dem ersuchten Staat prüft, ob das Auslieferungsgesuch in Gemäßheit bestehender Verträge gestellt wurde, oder überhaupt zulässig ist.

Drittens: Das gerichtliche Stadium, worin über die präjudiziellen[1] Einreden des Angeschuldigten oder die ausreichende Begründung der Verdachtsmomente zu befinden wäre.

# VII.

[63/239] Ein Ruckblick auf den bisherigen Gang des Auslieferungswesens läßt erkennen, daß in ihm ein nicht unbedeutender Theil menschlicher Kulturgeschichte enthalten ist.

Welch' ein Abstand zwischen den Anschauungen der antiken Welt, in der der Staat seine Staatsverbrecher entweder in die Verbannung trieb oder ungehin-

---

[1] *Einwände, die sich auf Präjudize, d. h. Entscheidungen anderer, besonders höherer Gerichte, beziehen.*

dert fliehen ließ — und der Denkweise der modernen Welt, welche verlangt, daß gemeine Missethäter mit dem Aufwande aller Kräfte und Mittel aus fernen Welttheilen zurückgeholt werden, um ihre Schuld zu büßen!

Noch vor hundert und fünfzig Jahren war Landesverweisung eine in Deutschland häufige Freiheitsstrafe. Man verjagte Diebe und Gauner, um sich daheim nicht weiter um sie bekümmern zu müssen. Um die Rücksichtslosigkeit, die fremde Nachbarstaaten oder die eigenen Colonien mit gemeinen Verbrechen überschwemmte, den Engländern begreiflich zu machen, sagte ihnen Franklin[1]:

„Ihr sendet uns regelmäßig Eure Verbrecher nach Nordamerika; was würdet Ihr sagen, wenn wir Eure Handlungsweise gegen uns dadurch erwiderten, daß wir auf Eurem Gebiete eingefangene Klapperschlangen laufen ließen?"

Der moderne Staat trägt nicht nur dem Inlande, sondern auch dem Auslande gegenüber die Verantwortlichkeit, daß Verbrecher zur Strafe gezogen werden. Dem Rechtszweck werden Jahr aus, Jahr ein bedeutende Mittel gewidmet. Geldopfer werden gebracht, um der strafenden Gerechtigkeit zu ihrem Ziele zu verhelfen.

---

[1] *Benjamin Franklin, (1706-1790) war ein amerikanischer Schriftsteller, Naturwissenschaftler und Staatsmann.*

# Franz von Holtzendorff

Ist es etwas Geringes, wenn der Staat heute für die Auslieferung eines Verbrechers aus Nordamerika im Durchschnitt 10 bis 15 Tausend Francs[1] aufzuwenden hat und wenn ein [64/240] kleiner Staat, wie Belgien für die Auslieferung eines Mörders Hunderttausend Francs, die französische Regierung für die Wiedererlangung eines Betrügers sogar zweimalhundert Tausend Francs verausgabte?

Solche Vorkommnisse zeigen doch, daß die Praxis des Strafrechts im Begriff steht, sich zu einer sittlichen Macht in der Gesammtheit der Kulturstaaten emporzuarbeiten.

Das Wachsthum der internationalen Rechtsinteressen zeigt sich in der Steigerung der von Belgien seit fünf und zwanzig Jahren bewilligten Auslieferungen. Während man 1855 deren 39 Fälle zählte, betrugen dieselben fünfzehn Jahre später bereits 121 und erreichten 1873 bereits 312 Fälle.[2]

Irrig wäre es zu glauben, daß mit der Vervollkommnung der Auslieferung sämmtliche Aufgaben

---

[1] *Der Umrechnungskurs ist 0,80 Mark = Franc. Dies entspricht demnach einem Betrag von 8 bis 12 Tausend Mark. Ein Arbeiter kann in der Zeit 1000 Mark im Jahr verdienen, viele auf dem Lande verdienen weniger. Von daher handelt es sich um recht hohe Summen, die hier aufgewendet werden.*

[2] [Anmerkung 9:] Nach den Angaben von G o d d y n und M a h i e l s.

# Die Auslieferung der Verbrecher und das Asylrecht

der internationalen Rechtspflege erfüllt sind. Neben der Auslieferung der Angeschuldigten würde die Auswechselung oder der Austausch ausländischer Strafgefangenen erhebliche Vortheile darbieten. Der Prozentsatz ausländischer Verbrecher ist in manchen Strafanstalten kein unbedeutender. Welchen Nutzen gewährt es, einen Fremden Jahre lang in einer Anstalt zu beherbergen, wo er wegen Unkenntniß der Landessprache kaum zu unterrichten oder zu bilden ist, wo Sitten, Religion und Lebensgewohnheiten andre sind, als in seiner Heimath und wo erhebliche Geldmittel aufgewendet werden, um ihn nach erstandener Strafzeit wiederum über die Landesgränze zu jagen? Wäre es da nicht besser, Strafgefangene verwandter Kategorien auszuwechseln oder gar unter Erstattung der durchschnittlichen Kosten des Strafvollzugs seiner heimathlichen Behörde zu geeigneter Behandlung zu überweisen? Es ist mir wünschenswerth erschienen, die Aufmerksamkeit der auf dem nächsten internationalen Gefängnißcongreß von 1883 zu versammelnden Fachmänner auf diese Frage hinzulenken.

[65/241] Die Gemeinschaft des Rechtes unter den Nationen des Erdballs hat einen doppelten Ausgangspunkt: An dem materiellen Interesse des wirthschaftlichen Verkehrs, aus denen die großartige Schöpfung des Weltpostvereins[1] und der internationalen Telegra-

---

[1] *Am 9. Oktober 1874 wurde im Rathaus von Bern ein Allgemeiner Postverein von 22 Staaten gegründet. Der Weltpostvertrag wurde von 20 Gründungsstaaten ratifiziert und trat am 1. Juli*

phie hervorging, und an der e t h i s c h e n Empfindung des Unrechts, durch die wir gleichfalls zu positiven Schöpfungen des Rechtslebens hingedrängt werden.

Indem der Rechtsbruch, der in den schwersten gemeinen Verbrechen vorliegt, allgemein und menschheitlich als nicht zu duldende Missethat empfunden wird, erhebt sich das Gemeinbewußtsein der Völker langsam zu dem Gedanken sittlicher und rechtlicher Lebenseinheit.

Während für Wissenschaft, Gesetzgebung und Rechtspflege der Begriff des Rechtes das Erste ist, an welchem das Gesetzwidrige und Rechtlose gemessen wird, ist umgekehrt im Leben der Menschheit, die Erkenntniß und Empfindung des Unrechts die erste Grundmacht, die zum Schöpfungsakte des Gesetzes und zur Herstellung der Ordnung hindrängt.

Die bisher im Auslieferungswesen erreichten Ergebnisse sind weit genug vom Zustande der Vollendung entfernt, aber sie berechtigen zu der Hoffnung, daß trotz aller Störungen und Unterbrechungen auch auf anderen Gebieten das Gemeinschaftsprinzip in den internationalen Rechtsbeziehungen wachsen und fortschreiten werde.

Der Schiffer, welcher seinem Compaß folgend die ungemessenen Fernen des Oceans durchschneidet,

---

*1875 in Kraft. Geregelt wurde die Zusammenarbeit der Postverwaltungen in den angeschlossenen Ländern.*

weiß mit Bestimmtheit, daß hinter dem begrenzten Horizonte, den sein Auge schaut, das unsichtbare Ziel gelegen ist, das er trotz aller Klippen, Strömungen und Stürme erreichen kann.

Ebenso weist der Compaß geschichtlicher Erfahrung uns auf die Endziele höherer Rechtsgemeinschaft in dem sittlichen [66/242] Leben der Menschheit, obgleich unser Horizont in der Gegenwart uns keinen weiten Ausblick gestattet und durch Bewölkungen aller Art verdunkelt wird.

Dies ferne Lebensziel der Menschheit, nach dem unser Gewissen strebt, und auf welches auch das Auslieferungsrecht hindeutet, erkannte bereits ein großer Feldherr und König des Alterthums, als er sagte:

„Die guten Menschen sind in allen Ländern der Erde Brüder, nur der Verbrecher ist überall ein Fremdling!" —

# VERWANDTE BÜCHER
# BEI LIBERA MEDIA


- **Franz von Holtzendorff:** Die Psychologie des Mordes

- **Franz von Holtzendorff:** Das Verbrechen des Mordes und die Todesstrafe

- **Franz von Holtzendorff:** Die Verbesserungen in der gesellschaftlichen und wirthschaftlichen Stellung der Frauen

- **Karl Braun:** Studien über Freizügigkeit

- **Karl Braun:** Die Freizügigkeits-Gesetzgebung der Schweiz


Weitere Titel finden Sie auf unserer Website unter:

# http://libera-media.de